KB131473

그림으로 보는
돈의 역사

일러두기

· 표지에 사용된 이미지는 '피에트로 다 코르토나 Pietro da Cortona'의 〈황금 시대 The Golden Age〉입니다.

· 주요 인명, 지명 등은 국립국어원 외래어표기법을 따르되, 일부는 통용되는 표기법을 따랐습니다.

· 본문에 인용된 성경 구절은 공동번역본을 사용했습니다.

그림으로 보는 돈의 역사

지은이 한명훈
펴낸이 임상진
펴낸곳 (주)넥서스

초판 1쇄 발행 2021년 10월 8일
초판 3쇄 발행 2023년 4월 28일

출판신고 1992년 4월 3일 제311-2002-2호
10880 경기도 파주시 지목로 5 (신촌동)
Tel (02)330-5500 Fax (02)330-5555

ISBN 979-11-6683-146-1 03900

www.nexusbook.com
지식의숲은 (주)넥서스의 인문교양 브랜드입니다.

그림으로 보는 **돈의 역사**

한명훈 지음

지식의숲

《그림으로 보는 돈의 역사》를 쓰면서 시대와 상관없이 공통적으로 발견한 것은 인간과 돈의 관계였습니다. 돈은 인간의 삶을 더 풍요롭게 했으나 항상 달콤함만 주지는 않았습니다. 인간이 부를 얻기 위한 과정 속에는 광기가 있었고, 그 광기는 누군가를 희생시켰습니다. 신은 인간에게 영원한 부를 허락하지 않았지만 기어코 인간들은 부를 축적해 신이 되고자 했습니다. 부를 향한 인간의 욕망은 정말 멈출 수 없는 것일까요?

그리스 신화 속 오디세우스Odysseus와 세이렌Seiren의 이야기를 잠깐 해봅시다. 세이렌은 아름다운 노래로 뱃사람들을 유혹해 바다에 뛰어들어 죽게 만드는 매혹적인 요정입니다. 그런데 영혼을 훔칠 정도로 아름다운 목소리를 가진 세

오디세우스와 세이렌 | 존 윌리엄 워터하우스 | 1891년

이렌도 유혹하지 못한 사람이 있었습니다. 바로 '트로이 전쟁Trojan war'에서 트로이를 함락시킨 '오디세우스'입니다.

오디세우스의 배가 세이렌의 섬을 지나가야 하는 상황이 되었고, 오디세우스는 세이렌의 유혹을 이겨내기 위해 부하들에게 자신의 몸을 돛대에 묶고 어떤 일이 있어도 결박을 풀지 말라고 했습니다. 예상처럼 세이렌의 고혹적인 노랫소리가 들려오자 오디세우스는 몸부림을 치기 시작했습니다. 다행히 귀마개를 쓴 오디세우스의 부하들이 그를 더욱 단단히 결박하여 오디세우스는 세이렌의 유혹으로부터 무사히 벗어날 수 있었습니다.

영국의 화가 '존 윌리엄 워터하우스'의 그림 〈오디세우스와 세이렌〉을 보면 오디세우스가 돛대에 몸이 묶인 채 세이렌에게 둘러싸여 있는 것을 볼 수 있습니다. 위협적으로 보이는 세이렌의 표정은 마치 달콤함만을 좇는 인간에게 경고를 하는 듯 보이기도 합니다.

매혹적인 목소리로 뱃사람들을 매료시켜 죽음에 이르게 한 세이렌의 이름을, 오늘날 '경고'라는 뜻의 단어 '사이렌 Siren'으로 쓰는 것을 보면 일리 있는 해석이지 싶습니다.

한 가지 재미있는 것은 인간이 그토록 탐하는 돈, '머니 Money'의 뜻도 세이렌과 의미가 비슷하다는 사실입니다. 머니는 그리스 로마 신화에 등장하는 여신 '주노 모네타 Juno Moneta'의 이름에서 유래되었는데요. 모네타 또한 '경고하다'라는 뜻을 담고 있습니다.

인류 역사를 되돌아보면 새로운 부의 시작과 끝에는 언제나 인간의 탐욕이 개입되어 있었습니다. 그리고 사실 인류는 이 탐욕이 얼마나 위험한 것인지 알고 있었을 겁니다. 앞서 살펴본 세이렌과 돈의 의미만 보아도 알 수 있지요.

저는 《그림으로 보는 돈의 역사》를 쓰면서 단순히 역사적 사실만을 나열하고 싶지는 않았습니다. 그 속에 담긴 다채로운 이야기를 전하는 데 목적이 있었습니다. 진짜 역사는

50달러 지폐 속 모네타

결국 '인간들의 이야기'이기 때문입니다.《그림으로 보는 돈의 역사》는 그림을 통해 부에 대한 인간의 욕망과 그것에 얽힌 세계사를 쉽게 이해할 수 있도록 구성했습니다. 전시회를 보는 기분으로, 책 속에 담긴 그림으로 시간 여행을 하면서 돈과 인간의 욕망, 그리고 인류의 역사를 새로운 시선으로 만나보기를 바랍니다.

　마지막으로 책이 나올 수 있도록 애써주신 출판사에 감사의 말씀을 드립니다. 그리고 나의 영원한 동반자 레지나와 클라라에게 감사와 사랑의 마음을 전합니다.

contents

PART 5. 세계 경제를 지배하는 유대인

아담의 창조 | 미켈란젤로 | 1511년

태초에 신은 인간을 창조했고

인간은 돈으로 권력을 창조했다.

PART 1

돈은 권력이다

돈의 탄생과 변천

01

돈의 탄생

화폐의 역사

화려한 황금빛 옷감과 보석으로 치장한 왕과 병사로 보이는 허름한 행색의 사내가 있습니다. 긴장한 표정이 역력한 구릿빛 피부의 사내는 공손한 자세로 왕에게 무언가를 바치고 있습니다. 하지만 왕은 물건에 관심이 없는 듯 무표정한 얼굴이네요. 이 그림은 어떤 장면을 표현한 것일까요?

제목에서도 알 수 있듯, 이 그림은 다리우스 왕을 알현하는 스키타이인들을 묘사한 작품입니다. 다리우스 1세는 페르시아의 전성기를 이끈 왕이었습니다. '대왕'으로 불리는 그는 다른 나라를 정복하면서도 그 나라의 종교와 문화를 포용하여 대제국을 건설하였습니다. 다리우스 1세는 재임 시 넓은 영토에서 생산되는 막대한 금과 은을 이용해 화폐를 주조하였는데요. 그가 생산한 화폐는 역사에 어떤 영향을 미쳤을까요? 지금부터 고대 화폐 역사에 대해서 알아보도록 하겠습니다.

다리우스를 알현하는 스키타이인들
프란치젝 스물글레이비츠 | 1785년

인류 최초의 화폐, 리디아 금화

고대 근동의 청동기 시대를 연 히타이트 왕국. '히타이트Hittite'라는 이름은 구약 성경의 헷 사람(족속)들Son of Heth에서 유래하였고, 지리적으로는 아시아와 유럽을 잇는 지금의 터키 지역을 중심으로 형성되었습니다. 히타이트 왕국 멸망 후에는 리디아 왕국*이 들어섭니다. 리디아Lydia의 어원은 그리스어의 '리도이', 히브리어의 '루딤'과 같으며 '셈의 아들 룻'이라는 뜻입니다.

'역사(학)의 아버지'로 불리는 헤로도토스Herodotos에 따르면 리디아인은 금화와 은화를 사용하고 상설 소매점을 세운 첫 민족이라고 합니다. 현재까지 발견한 가장 오래된 금화는 기원전 610년 무렵에 제조된 리디아의 금화입니다. 첫 주화는 일렉트럼electrum**으로 만들어졌습니다. 합금으로 주화를 만든 이유는 당시 주조 기술이 발달하지 않아 원석 그대로 화폐를 제작했기 때문입니다. 당시 제작한 금화 겉면에 왕의 상징인 사자 머리가 찍혀 있었는데, 이는 리디아의 사자Lydian Lion로 불리게 됩니다.

리디아 멸망 후에도 리디아 금화는 페르시아를 비롯해 그

---

*   리디아 왕국(Lydia): 기원전 7~6세기 소아시아 서부지방에서 번영한 왕국.
**   일렉트럼(호박금): 자연금과 자연은의 합금.

리디아 금화 | 기원전 7세기경

리스의 화폐, 고대 로마의 화폐에도 영향을 끼칩니다. 때문에 리디아 금화가 '세계 주화의 아버지'라고 보는 학자들도 있습니다.

크로이세이드 화폐

리디아는 일렉트럼 화폐 개발 이후, 발전된 기술로 금화와 은화가 별도로 주조된 크로이세이드Croeseid를 만듭니다. 하지만 리디아는 기원전 546년 페르시아에 의해 멸망하고, 페르시아는 복속한 지역의 문화와 기술을 흡수·계승하여 리디아의 크로이세이드를 그대로 사용합니다. 리디아의 화폐 기술은 페르시아 제국의 발전과 함께 유럽과 아시아 전역에 전파됩니다.

다리우스 대왕, 화폐 제도를 정비하다

인류 역사상 최초의 대제국 페르시아. 페르시아 제국Persian Empire은 기원전 6세기부터 기원후 7세기까지 이란 고지대를 중심으로 서아시아, 중앙아시아, 코카서스 지방을 지배했던 고대 제국을 통칭하는 말입니다. 페르시아 최고의 전성기를 연 인물은 다리우스 1세Dareios I입니다. 기원전 480년경 다리우스 대왕 시절의 페르시아는 복속 국가 28국, 인구 약 5천만 명의 거대한 규모였다고 합니다. 세계 인구의 약 44%가 페르시아에 속해 있었던 셈입니다. 이 시기를 평화를 뜻하는 라틴어 '팍스pax'를 붙여 '팍스 아케메니아 시대'라고 합니다.

다리우스 대왕은 페르시아의 새로운 통화 시스템을 구축하였습니다. 5.4g 정도의 다릭 금화와 8g 정도의 시글로스 은화를 독자적으로 주조하여 화폐로 발행합니다. 또 다리우스 대왕은 2700km에 달하는 동서양을 연결하는 무역로, 이른바 '왕의 길'을 완성합니다. 페르시아의 화폐 시스템은 다리우스 대왕이 건설한 이 무역로를 통해 유럽과 아시아 전역에 전파되었습니다.

이수스 전쟁 | 작자 미상 | 기원전 100년경
알렉산더 대왕의 동방원정을 담은 모자이크 벽화

페르시아 제국의 화폐 기술은

다문화 포용정책으로 더욱 발전하게 됩니다.

이후 화폐 기술은 '왕의 길'을 통해

유럽과 아시아 전역으로 전파되었지만,

이 화폐의 역사는 페르시아를 정복한

알렉산더 대왕의 신화에 가려져

인류 역사에서 철저히 외면받게 됩니다.

02
로마제국은
왜 멸망했을까

천년왕국의 몰락

어두운 실내. 귀족으로 보이는 남자가 들어오는 빛을 오롯이 독점하며 의자에 앉아 있네요. 남자 뒤에는 사람들이 줄을 서 있습니다. 그중 한 사내는 몸을 낮추어 귀족에게 무언가 건네 받는 모습입니다. 사내 뒤로는 이미 무언가를 받은 듯한 사람들이 옹기종기 모여 있습니다.

이 그림은 네덜란드 최고의 화가이자 '빛의 화가'로 불리는 '렘브란트 반 레인'의 〈포도밭의 일꾼〉입니다. 렘브란트는 성경에 기반한 성화를 많이 그렸는데요. 그의 그림은 성화임에도 화려하고 거룩한 느낌보다는 인물들의 심리 묘사에 집중한 것이 특징입니다.

〈포도밭의 일꾼〉 역시 사람들의 심리를 잘 보여주는데요. 그렇다면 이 그림에는 어떤 이야기가 담겨 있을까요. 고대 로마로 떠나보겠습니다.

포도밭의 일꾼 | 렘브란트 반 레인 | 1637년

로마 제국의 화폐, 데나리우스 은화

앞서 본 렘브란트의 〈포도밭의 일꾼〉은 일꾼이 품삯으로 데나리우스를 받는 모습을 묘사하고 있습니다. 데나리우스Denarius는 로마에서 400년간 사용한 화폐(은화)로, 기원전 211년 제2차 포에니 전쟁Second Punic War 때 원로원에 의해 발행되었고, 아우구스투스 황제의 개혁으로 순도 100%의 은화로 제작되었습니다.

로마 원로원은 고대 그리스에서 드라크마Drachma라는 은화를 사용하자 무역 거래를 위해 데나리우스를 만들기 시작했다고 합니다. 신약 성경 〈마태복음〉에도 포도밭 주인이 일꾼들에게 하루 품삯으로 데나리온(데나리우스)을 주었다는 기록이 있습니다.

로마 제국의 발전 동력, 화폐 시스템

로마는 화폐 시스템을 운영하는 최초의 제국이었습니다. 정부 관리와 병사의 월급도 화폐로 지급하였는데요. 나라를 운영하는 수단으로 화폐를 사용한 것입니다.

"세금으로 바치는 돈을 나에게 보여라." 하셨다. 그들이 데나리온 한 닢을 가져오자, "이 초상과 글자는 누구의 것이냐?"

하고 물으셨다. "카이사르의 것입니다." 그들이 대답하자 "그러면 카이사르의 것은 카이사르에게 돌리고 하느님의 것은 하느님께 돌려라."하고 말씀하셨다.

_마태복음 22장 19~21절

이렇게 성경 기록에서도 알 수 있듯 당시 로마에서는 은화가 널리 통용되었습니다.

권력의 상징, 화폐

초기 화폐(동전)에는 대부분 신의 모습 같은 종교적 문양을 새겼습니다. 화폐가 신전에서 만들어지기도 했고 그 자체가 신성한 권위를 상징했기 때문입니다. 그러나 시간이 지나자 황제의 모습을 새기기 시작합니다. 황제들은 어떤 이유로 화폐에 자신의 모습을 새기기 시작했을까요? 이유는 권력과 관계가 있습니다.

로마 황제들은 자신들이 신과 같은 존재가 되길 원했습니다. 그래서 자신들의 권위를 높이기 위해 화폐에 황제의 얼굴을 새기기 시작했습니다. 황제에게 신과 같은 절대적인 권력이 있으며, 그 황제가 곧 로마 제국의 주인이라는 사실을 백성들에게 일깨워주려던 것입니다.

기독교인을 화형에 처하라 지시하는 네로 황제 | 헨리크 지미라즈키 | 1876년

네로 황제와 로마의 몰락

원래 로마의 데나리우스는 순은으로 주조되었습니다. 하지만 네로 황제는 화폐 개혁을 통해 은화의 순도를 92%로 떨어뜨렸습니다. 은화 순도를 낮출수록 더 많은 은화를 발행할 수 있으니 욕심을 부린 것이지요.

은 함량을 줄인 사실을 안 시민들은 폭동을 일으켰고, 설상가상으로 64년 7월 19일에는 로마 대화재Great Fire of

Rome가 발생합니다. 로마 대화재를 두고 네로 황제가 방화를 일으켰다는 소문이 돌았고 성난 민심을 수습하기 위해 네로는 방화의 책임을 기독교인에게 덮어씌웠습니다.

화폐 개혁을 통해 데나리우스 은화의 은 함유량을 8% 줄인 네로. 기존 화폐를 다량으로 보유한 고리대금업자는 화폐 개혁으로 큰 손해를 보게 됩니다. 고리대금업자들이 네로의 악행을 퍼뜨렸고 결국 네로는 황제 자리에서 쫓겨나게 됩니다.

이후 콘스탄티누스 대제가 정교일치Caesaropapism 시스템을 구축하여 안정을 되찾지만, 콘스탄티누스 대제 사망 이후 동로마와 서로마로 분열되어 찬란했던 로마 제국은 몰락의 길을 걷습니다. 그리고 중세 암흑시대가 시작됩니다.

제국의 파괴 | 토마스 콜 | 1836년

거듭된 전쟁으로 황제는 자리를 비우고

주조권을 가진 원로원 의원은

은화 함량을 낮춰 부를 얻습니다.

이후 로마는 심각한 인플레이션에 빠지게 되고

아우렐리아누스 황제는

원로원의 화폐주조권을 박탈합니다.

하지만 얼마 후,

그는 부하에게 암살당하고 맙니다.

찬란한 문화를 자랑하는 천년 왕국 로마,

로마를 멸망하게 한 진짜 범인은 누구일까요?

은의 시대

세계 최초의 기축통화 은銀

복잡하고 어지러운 미로로 구성된 각각의 공간, 사람들은 저마다의 작업으로 분주합니다. 그림 속 사람들이 있는 곳은 어디이며 이들은 무엇을 하고 있는 것일까요?

그림 속 장소는 체코의 아름다운 도시 '쿠트나 호라Kutna Hora'입니다. '해골 성당'이라는 별칭을 가진 '세들레츠 납골당'으로 유명한 곳이기도 합니다. 이곳은 과거 보헤미아 왕국Regnum Bohemiae시절, 특히 13~16세기에 막강한 부와 권력을 가지고 있었습니다. 당시 유럽 전역에서는 은광 개발 붐이 일었는데 쿠트나 호라에도 대규모 은광이 있어 은화를 만들 수 있었기 때문입니다.

이 그림에는 당시 쿠트나 호라의 은광에서 은화 주조 작업을 하는 사람들의 모습이 담겨 있습니다. 그렇다면 은화는 세계사에 어떤 영향을 주었을까요?

쿠트나 호라 은광 | 작자 미상 | 1490년대

달러의 기원

쿠트나 호라Kutna Hora는 유럽 최대의 은광 도시로 오랫동안 번영했습니다. 1300년대에는 조폐국을 세워 프라하 그로셴Prague Groschen이라는 은화를 발행하였고, 1516년에는 요아힘스탈Joachimsthal에서 대규모 은광이 발견되어 더 많은 은화를 만들수 있었습니다. 쿠트나 호라는 그렇게 요아힘스탈 은광에서 생산한 엄청난 은으로 부자 도시가 되었습니다.

사람들은 부를 안겨준 광산을 신의 축복으로 여겼고, 교황은 요아힘스탈에 축복의 세례를 베풀었습니다. 이 시기에 만들어진 은화는 '요아힘 골짜기에서 나온 돈'이라는 뜻으로 '요하임 스탈러', '요하임 스탈러 그로셴'이라고 불렸습니다. 이후 탈러Taler로 줄여서 부르기 시작합니다. 탈러가 지금 쓰고 있는 '달러Dollar'의 어원입니다.

이 시기 유럽 각지에서는 지역 명칭을 딴 은화들이 경쟁적으로 주조되어 유통되었는데요. 1497년 스페인의 '페소 데 오초', 1576년 네덜란드의 '달더르'가 대표적입니다.

은銀 기축통화 시대 개막

스페인 남서부에 있는 예술, 문화, 금융 중심 도시

16세기 스페인 세비야 조선소 | 알론소 산체스 코엘료 | 1576년경

세비야Sevilla는 15~16세기에 황금의 도시로 불렸습니다. 그림 〈16세기 스페인 세비아 조선소〉는 당시 화려한 세비야의 모습을 담고 있습니다. 세비야는 어떻게 황금의 도시로 불릴 수 있었을까요? 세비아 대성당에 있는 콜럼버스의 묘에서 힌트를 찾을 수 있습니다.

대항해 시대 콜럼버스는 스페인의 후원으로 신대륙에 식민지를 개척합니다. 스페인은 볼리비아에 있는 '포토시Potosí'에서 대량의 은광을 발견합니다. 포토시 은광을 통해 이룩한 부는 스페인을 대항해 시대 최강국으로 만드는 동력이었습니다.

스페인의 부흥은 다른 유럽 국가에도 자극이 되었습니다. 스페인의 경쟁자 네덜란드는 일본 이와미 은광石見銀山에서 독점으로 은을 확보합니다.

이와미 은광은 16~18세기에 전 세계 은의 3분의 1을 생산하던 곳입니다. 이와미 광산에서 공급받은 양질의 은화는 네덜란드를 대항해 시대 해상 강국으로 도약하게 만드는 결정적인 역할을 합니다.

해상패권 경쟁에서 스페인과 네덜란드에 뒤쳐진 후발주자 영국도 은을 확보할 방법을 찾아야 했습니다. 영국은 시선을 중국으로 돌렸습니다.

영국은 동인도회사를 통해 영국, 인도, 중국을 연결한 '삼각무역'으로 인도에서 재배된 아편을 중국으로 수출했습니다. 중국이 아편 대금으로 지급한 은화는 동인도회사의 삼각무역을 통해 영국으로 유입됩니다. 은을 확보하기 위한 영국의 욕심은 훗날 아편전쟁의 원인이 됩니다.

화폐 르네상스 시대

대항해 시대 유럽의 은화는 바닷길을 통해 전 세계로 유통되어 달러의 기원이 되었습니다. 수 세기에 걸쳐 발행된 스페인 은화는 스페인 식민지였던 아메리카의 여러 나라에서 가장 많이 통용되었으며, 19세기 북아메리카와 동남아시아에서도 사용되며 기축통화基軸通貨*의 역할을 했습니다.

흑사병으로 유럽 경제가 초토화되었던 중세 암흑시대. 무너졌던 화폐 경제는 유럽 각지에서 채광된 은화를 중심으로 화폐 르네상스 시대를 맞이합니다.

---

* 기축통화(key currency): 국제간의 결제나 금융 거래 시 기본이 되는 통화로, 미국의 달러가 대표적이다.

테노치티틀란의 몰락 | 작자 미상 | 17세기 후반

대항해 시대.

왕과 영주들은 은광 확보에 총력을 기울였습니다.

은광 확보가 부와 권력을 확보하는 가장 좋은 수단이었기 때문입니다.

대항해 시대에 전 세계가 사용하며

인류의 역사를 바꾸어 놓은 인류 최초의 기축통화 은銀.

시간이 흘러 산업용 은의 수요가 증가하면서

화폐로서 역할을 상실하고 역사에서 쓸쓸히 퇴장합니다.

금의 시대

현대 화폐 시스템의 시작, 금본위제金本位制

그리스 신화에 의하면 올림푸스 신들은 황금 종족을 만듭니다. 이들은 아무 걱정 없이 노동도 하지 않고 슬픔도 겪지 않으며 신처럼 살았습니다. 비참한 노년도 없었고, 살아 있는 동안 튼튼한 손발을 지녔으며, 축제의 즐거움을 누렸고, 모든 악으로부터 벗어나 있었습니다.

오른쪽 그림은 '루카스 크라나흐'의 〈황금시대〉라는 작품인데요, 그리스의 작가 헤시오도스는 인류 역사를 '황금, 은, 청동, 영웅, 철'이라는 다섯 시대로 나누고 '황금시대'를 최고의 시기라고 설명했습니다. 황금시대에는 그림 속 사람들처럼 일하지 않고 먹고 즐기는 축복의 삶을 누리게 됩니다.

인류 역사 속에서 금은 특별한 자산으로 여겨졌습니다. 지금도 최고의 안전 자산으로 평가받고 있지요. 오랜 세월이 지나도 가치를 잃지 않는 금, 그 특별한 금과 관련된 화폐의 역사를 지금부터 살펴보겠습니다.

황금시대 | 루카스 크라나흐 | 1530년경

금화의 탄생

기원전 2000년 인류 최초의 화폐는 리디아 왕국에서 주조한 리디아 금화입니다. 페르시아가 리디아 왕국을 복속하면서 화폐 기술은 유럽과 아시아 전역으로 확산되었고, 페르시아 다리우스 대왕이 다릭 금화와 시글로스 은화를 독자 화폐로 발행하면서 화폐 문명은 발전합니다.

로마 제국이 사용한 화폐는 데나리우스 은화였습니다. 네로 황제 때부터 군인 황제 시대까지 은화의 순도가 계속 낮아지다 결국 인플레이션이 발생했는데요. 콘스탄티누스 대제는 사회 안정을 위하여 화폐 개혁을 실시해 은화 대신 솔리두스 금화를 발행했습니다. 하지만 콘스탄티누스 대제 사망 후, 로마가 동서로 분열되고 서로마가 멸망하면서 솔리두스는 사라지게 됩니다. 부에 대한 탐욕을 금하는 중세 암흑기의 신본주의 영향으로 금화 유통이 줄어들고 금의 암흑기가 시작됩니다.

금의 부활

중세 암흑기 이후 대항해 시대에 화폐가 다시 등장합니다. 은을 기축통화로 사용하던 대항해 시대의 패권은 스페인과 네덜란드가 차지하고 있었고, 변방에 있던 영국은 조용히 해군력 강화에 공을 들이며 해상 패권을 쟁취하기 위한 준비를 합니다. 1651년 영국은 항해조례를 발포하고 영국 관련 무역은 영국 국적 선박만 이용하도록 합니다. 해상 무역을 장악하고 있던 네덜란드에게 이는 선전포고나 다름없었고, 결국 영국과 네덜란드는 해상 패권을 놓고 전쟁을 벌입니다. 승리한 영국은 해상 패권을 장악하고 기축통화를 은에서 금으로 바꾸는 금본위제金本位制를 채택합니다.

10%의 마법

영국이 금본위제를 택한 것은 경제 패권을 독점하기 위함입니다. 하지만 기축통화인 은을 금으로 바꾸려고 해도 금의 유통량이 절대적으로 부족한 것이 문제였습니다.

영국은 1694년 영란은행*을 설립하고 '금 보관증 제도'를 도입해 금 부족 문제를 단숨에 해결합니다. 이 제도는 말 그대로 금 소유자가 금을 은행에 맡기고 보관증을 받는 시스템입니다. 영란은행은 금을 은행에 보관하면 금 보관증 10장을 발행했습니다. 이 제도를 바탕으로 영란은행은 시장에 막대한 통화를 공급합니다. 영란은행은 이른바 10%의 마

---

* 영란은행(英蘭銀行, Bank of England): 영국의 중앙은행으로 잉글랜드 은행이라고도 부른다.

영란은행 설립 허가증에 날인하는 모습 | 레이지 제인 린지 | 1905년

법으로 실제 금보다 10배가 넘는 화폐를 발행하여 엄청난
부를 창출합니다. 하지만 10%의 마법도 치명적인 약점이
있었습니다. 금을 보유한 모든 사람이 동시에 금을 찾으러
오는, 즉 뱅크런Bank Run**이 발생할 수 있기 때문입니다. 하
지만 영란은행은 뱅크런이 일어나지 않을 것이라고 생각해
금 보관증 제도를 고수했습니다. 현대 화폐 시스템의 시작
으로 여겨지는 금 보관증 제도로 영국은 막대한 국부를 창
출하는 이른바 '화폐 르네상스 시대'를 맞이합니다.

** 뱅크런(Bank Run): 경제 악화로 은행의 건전성을 의심해 예금 지급 불능 상태를
염려한 고객들이 대규모로 예금을 인출하는 상황을 뜻한다.

워털루 전투에서의 웰링턴 | 로버트 알렉산더 힐링포드 | 1812년

워털루 전투 승리는 영국의 금본위제 도입에 결정적인 역할을 합니다.

이후 영란은행과 로스차일드 가문의 주도로

본격적인 금본위제 시대가 열리고

영국은 전 세계 금융을 지배하게 됩니다.

영란은행에 세워진 웰링턴 장군의 동상은

영국의 황금시대를 열게 한 그의 공로를 기념하기 위함입니다.

도로시 은 구두의 비밀

금金과 은銀의 전쟁

캔자스주 시골 마을에 소녀 '도로시'가 살았습니다. 도로시의 유일한 친구는 강아지 토토입니다. 어느 날 강력한 회오리바람이 소녀의 집을 덮쳐 소녀와 집은 오즈의 세계로 날아가게 됩니다. 소녀의 집은 뭉크킨 나라의 나쁜 마녀 위에 떨어졌습니다. 뭉크킨들은 도로시에게 감사의 마음을 전합니다. 이후 도로시는 집으로 돌아가기 위해 위대한 마법사 오즈를 찾아 나서고 그 과정에서 허수아비, 양철 나무꾼, 겁많은 사자를 만나 그들과 함께 여행을 합니다.

이 이야기는 미국의 동화 작가 '라이먼 프랭크 바움'이 쓴《오즈의 마법사》의 내용입니다. 오른쪽 그림은 윌리엄 맨슬로가 그린 삽화이고요. 이 책은 19세기 후반 미국에서 발생한 금본위제와 은본위제를 둘러싼 정치 투쟁을 은유적으로 표현한 작품인데요. 지금부터 이 이야기에 숨겨진 비밀을 더 알아봅시다.

" You ought to be ashamed of yourself!"

《오즈의 마법사》삽화 | 윌리엄 월리스 덴슬로 | 1900년

부의 욕망, 1차 세계 대전을 야기하다

앞서 영란은행 설립과 10%의 비밀에 대해 이야기 했었지요? 실제 가지고 있는 금보다 10배 넘게 화폐를 발행하여 부를 쌓은 영국은 뱅크런을 막기 위해 식민지 개척을 해나갑니다. 이러한 영국의 독주를 막고자 유럽 각국은 저마다 부를 창출하기 위하여 막대한 전비戰費를 지출합니다.

부가 낳은 욕망은 유럽의 봉건체제와 경제를 붕괴시키고 1차 세계 대전을 발발시키는 기폭제가 됩니다.

영국의 몰락, 미국 재즈 시대를 열다

1차 세계 대전으로 유럽 경제는 완전히 몰락하고 새로운 부는 미국에서 꽃피웁니다. 미국은 1차 세계 대전 당시 아군, 적군 상관없이 유럽 전역에 물자와 무기를 공급하면서 막대한 부를 쌓았습니다. 1차 세계 대전 후 미국 사회는 1920년대 유례 없는 경제 성장과 번영을 누립니다.

미국의 작가 피츠제럴드F. Scott Fitzgerald는 소설《위대한 개츠비The Great Gatsby》에서 전후 미국의 황금시대를 '재즈 시대Jazz Age'라 불렀습니다.

전쟁으로 무너진 경제와 패권을 되찾기 위해 영국은 윈스턴 처칠Winston Churchil이라는 무기를 내세웁니다. 처칠은

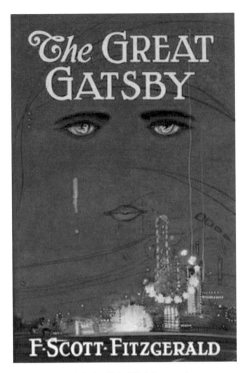

《위대한 개츠비》 초판본 표지 | 1925년

금본위제의 약점을 활용하여 미국을 공격하기로 합니다. 가장 많은 금을 보유한 미국을 압박해 금을 회수하기 시작한 것이지요. 하지만 영국의 의도와는 다른 결과를 가져옵니다. 미국이 금 회수에 응하지 않았던 것입니다.

영국과 유럽은 1929년 대공황Great Depression의 발생으로 금 부족 사태와 연쇄적 뱅크런을 겪습니다. 결국 1931년 영국은 금본위제를 포기하게 되었고 그렇게 파운드Pound sterling의 시대는 종말을 맞이합니다.

도로시 은 구두의 비밀

미국은 1776년에 독립했지만, 당시 금과 은이 부족하여 금화와 은화를 혼용하여 사용했습니다. 영국으로부터 독립한 미국은 화폐 독립을 꿈꾸고 1792년 재무장관 알렉산더 해밀턴Alexander Hamilton에 의해 금은복본위제金銀複本位制度*를 실시합니다. 그러던 중 1848년 캘리포니아에서 대규모 금광이 발견됩니다. 이로 인해 금의 가치가 하락하고 상대적으로 은의 가치가 상승했습니다. 1858년에는 네바다주 콤스톡Comstock에서 은광이 발견되어 금의 가치가 상승합니다. 이처럼 금은복본위제로 혼란이 생겨나자 1873년 미국 율리시스 그랜트Ulysses Simpson Grant 대통령은 화폐 개혁을 실시합니다. 금은복본위제에서 금만 화폐로 사용하는 금본위제를 도입합니다.

---

* 금은복본위제(gold and silver bimetallism): 금과 은을 모두 본위화폐로 유통시키는 화폐제도를 뜻한다.

당시 서부 농민들은 은행, 철도 업자에게 빚을 지고 있었고 은으로 화폐를 주조할 수 없어 채무 변제의 기회조차 박탈된 상태였습니다. 금본위제는 금융업 등을 중심으로 발전했기 때문에 은을 주로 사용하던 농민들의 경제는 몰락하게 됩니다. 이로 인해 은을 되살리려는 저항이 농민을 중심으로 일어나 미국 사회는 다시 혼돈에 빠지게 됩니다.

앞서 언급한 소설《오즈의 마법사》는 19세기 후반 미국에서 발생한 금본위제와 은본위제를 둘러싼 정치적 상황을 은유적으로 표현한 작품입니다.

《오즈의 마법사》에 등장하는 주인공 도로시는 미국의 대표적 농촌 도시 캔자스에 사는 전형적인 미국인을 상징하며 오즈Oz는 금의 단위 온스Ounce의 약자입니다. 또한 도로시가 여행한 노란 벽돌길은 금본위제를, 도로시의 소원을 이루어준 은 구두는 은본위제를 의미합니다.

이 작품은 은본위제로 돌아가야 한다는 것을 풍자한 것으로 혼란스러웠던 당시 미국 사회를 고스란히 담고 있습니다. 100년 남짓한 미국 화폐 역사가 응축된 금과 은의 전쟁. 결국 부의 헤게모니 장악을 위한 돈 싸움일 뿐이었습니다.

06

달러는 어떻게
기축통화가 되었나

대공황이 촉발한 달러 패권 시대

오른쪽 그림을 봅시다. 한껏 멋을 낸 사람들의 모습이 할리우드 영화 배우를 연상시킵니다. 그러나 화려하게 치장한 겉모습과는 다르게 모두 표정이 없어서 그들의 감정을 읽을 수가 없네요. 어지럽게 부착된 그림과 포스터가 사람보다 더 선명하게 보이는 이곳은 어디일까요?

이 작품은 미국의 화가 레지널드 마시Reginald Marsh의 〈20센트짜리 영화〉라는 그림으로, 대공황 시대의 극장 모습을 담고 있습니다. 당시 영화관은 대공황으로 꿈을 잃은 미국인들이 대리만족을 위해 찾는 장소였습니다. 그렇다면 그림 속 사람들의 무표정한 모습은 당시 어려운 시대상을 그대로 표현한 것일까요?

대공황 발발로 시작된 경제 위기가 돈의 역사에 어떤 중요한 발자취를 남겼을까요? 지금부터 알아봅시다.

20센트짜리 영화 | 레지널드 마시 | 1936년

자본주의 몰락, 파시즘과 공산주의를 꽃피우다

1차 세계 대전 이후 미국 경제는 대호황을 누립니다. 월 스트리트Wall Street와 젊은이들은 돈에 도취되어 축제를 즐기고 점차 미국 사회는 병들어 갑니다.

이런 모습은 금주법 시기, 인간의 욕망을 잘 그려낸 피츠제럴드의 《위대한 개츠비》에 고스란히 담겨 있습니다.

또한 디에고 리베라가 그린 그림 〈월 스트리트 연회Wall Street Banquet〉를 통해서도 대호황 시기의 월 스트리트 모습을 볼 수 있습니다. 그림 속 샴페인을 마시고 있는 사람들의 얼굴에는 유쾌함 따위는 찾아볼 수 없습니다. 오히려 그들의 무표정한 모습은 팽팽한 긴장감을 연출합니다.

그들이 축제를 즐기지 못하는 이유는 무엇일까요? 공교롭게도 리베라가 벽화를 완성한 이후 역사상 최악의 경제 사건인 '대공황Great Depression'이 발발합니다. 리베라는 부에 취해 돈 잔치를 벌이는 자본주의를 비판하는 모습을 〈월 스트리트 연회〉에 담은 것이죠.

1929년에 대공황의 발발로 영국은 금본위제를 포기하게 되고 결국 금 기축통화 시대는 종식됩니다. 이후 대공황의 영향으로 자본주의 병폐를 치유하기 위한 새로운 사상이 등장하는데요, 바로 공산주의입니다.

월 스트리트 연회 | 디에고 리베라 | 1928년

이 전대미문의 경제 불황은 1933년까지 이어졌고 거의 모든 자본주의 국가에 영향을 미칩니다. 결국 대공황을 극복하지 못한 자본주의는 몰락하게 되고, 공산주의가 꽃을 피우게 됩니다. 자본주의의 몰락으로 인류 역사는 공산주의와 파시즘 국가의 부상이라는 큰 변화를 맞게 된 것입니다.

공산주의의 등장은 19세기 유럽의 산업화 시기와 겹칩니다. 이 시기 유럽은 급속한 산업 발전으로 여러 사회 병리 현상을 겪고 있었는데 공산주의는 이러한 현상들을 해결하기 위해 주창된 것입니다. 이렇게 성장한 공산주의와 파시즘은 역사상 두 번째 최악의 전쟁을 일으킵니다. 그 전쟁이 바로 1939년 9월 1일 새벽, 나치 독일의 총통 아돌프 히틀러Adolf Hitler가 이끄는 나치 독일군이 일으킨 2차 세계 대전입니다.

달러, 새로운 기축통화 시대를 열다

제2차 세계 대전은 인류 역사상 가장 많은 인명 피해와 재산 피해를 남긴 파괴적인 전쟁입니다.

유럽은 전쟁으로 고전하자 이집트 '카이로 회담Cairo Conference'에서 미국의 참전을 요청합니다. 1944년 6월 6일 역사적인 '노르망디 상륙작전Normandy Invasion'이 펼쳐지고 전쟁 양상은 미국의 서방세계로 급격히 유리하게 전개됩니다. 독일과 일본의 패배가 확실해진 뒤, 1944년 미국에서 '브레튼우즈 회의Bretton Woods system'가 개최됩니다.

44개국이 참가한 이 회의는 통화 가치 인정, 무역 진흥, 개발 도상국 지원을 목적으로 환율을 안정시키는 것을 주된 안건으로 삼았으며, 국제통화기금IMF과 국제부흥개발은행IBRD도 이때 설립되었습니다. 하지만 이것보다 더 중요한 내용이 있습니다. 전쟁 참전에 대한 정산의 시간, 미국은 무엇을 요구하였을까요?

미국은 달러를 기축통화로 하는 금환본위제金換本位制를 요구하였습니다. 이는 금 1온스를 35달러로 고정시키고, 그 외에 다른 나라의 통화는 달러에 고정시키는 제도입니다.

미국의 야심은 달러를 기축통화로 만들고 미국 중심의 금융 질서를 마련하는 것이었습니다. 이후 달러 기축통화 자격을 획득한 미국은 마셜 플랜, 닉슨 쇼크, 석유 파동, 베트남 전쟁, 유럽과 중국의 견제 등의 위기를 극복하면서 달러의 지휘를 더욱 공고히 합니다. 달러를 통해 새로운 기축통화 시대를 개척한 미국, 글로벌 경제의 다이내믹한 흐름 속에서 달러의 시대는 계속될 수 있을까요?

미국의 2달러권

화폐에는 그 나라의 역사와 정신이 담겨 있습니다.

행운의 상징으로 여겨지는 미국 2달러짜리 지폐 뒷면에는

존 트럼벌의 그림 <미국 독립 선언>이 새겨져 있는데요.

미국 독립 선언은 미국인들의 자긍심입니다.

글로벌 경제와 정치 헤게모니를 쥐고 있는 '기축통화 달러'

그 힘은 화폐에 담긴 그들의 정신에서부터 나오는 것이 아닐까요?

소금이 월급이었다고?
샐러리의 어원

영어로 직장인들이 한 달 동안 열심히 일해서 받는 월급은 샐러리Salary, 월급을 받는 직장인은 샐러리맨Salaryman'이라고 합니다. 그런데 이 월급Salary과 소금Salt이 특별한 관계가 있다는 것을 아시나요?

Salary는 '소금을 지급한다'는 뜻의 라틴어 '살라리움Salarium'에서 유래되었는데요. 여기서 'Sal'이 소금을 뜻합니다. 고대 로마에서는 병사 월급을 소금으로 지급했습니다. 이 Salarium이 시간이 지나 Salary로 변해 오늘날 월급을 의미하는 단어가 된 것입니다.

"모든 길은 로마로 통한다"는 말처럼 고대 로마 시대에는 거미줄처럼 길을 연결했습니다. 로마는 이탈리아 반도 내륙으로 소금을 나르기 위한 길도 만들었는데, 이 길이 바로 '살라리아 가도Via Salaria'입니다. 살라리아 가도는 로마 최초의 도로이며, 그 이름은 로마군에게 소금으로 월급을 지급한 데서 유래했습니다.

로마 군인들에게 월급으로 소금을 받던 것에서 탄생한 '샐러리'의 어원을 살펴보고 나니 월급이 짠 이유가 여기에 있는 게 아닌가 하는 생각이 듭니다.

로마의 흑사병 | 쥘 엘리 들로네 | 1869년

전염병은 끝이자 시작이었습니다.

모든 것을 파괴한 전염병은

새로운 부富의 르네상스를 열었습니다.

PART 2

흑사병과
중세 암흑기

전염병이 만든 새로운 경제 구조

01

흑사병의 탄생

기후 변화와 부富의 글로벌 네트워크

다음 그림을 봅시다. 전투가 한창이네요. 성을 함락시키려는 자들은 화살과 투석기를 활용하여 맹공을 퍼붓습니다. 반면 성을 지키려는 자들은 굳게 닫힌 성 위에서 활을 쏘며 대항하고 있습니다. 이 그림은 어떤 상황을 표현한 것일까요?

바로 1347년 몽골 제국의 자니베크 칸Jani Beg Khan이 페오도시야를 포위한 후 공격하는 장면입니다. 그림 속 병사들이 동양인으로 보이시죠? 네, 맞습니다. 몽골 제국의 병사들입니다.

몽골군을 이끌던 자니베크 칸은 투석기를 이용하여 흑사병에 걸린 시신을 성벽 안으로 던지고 철군합니다. 새로운 생화학 무기가 인류에 등장한 역사적 순간입니다. 이 사건은 훗날 인류의 생존과 변혁에 거대한 쓰나미를 몰고 옵니다.

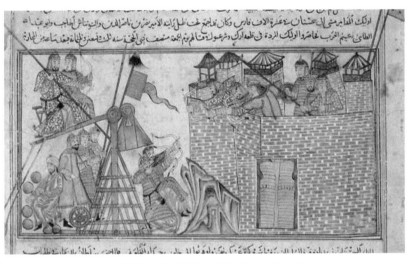

페오도시야를 공격하는 몽골 제국의 군대 | 작자 미상 | 연도 미상

기후의 역습, 팬데믹

1347년, 이탈리아 시칠리아의 메시나항에 배 한 척이 도착합니다. 그 배에 타고 있던 선원들은 구토와 고열에 시달리다 모두 사망하고 맙니다. 무슨 일이었을까요? 바로 인류 역사상 최악의 전염병, '흑사병' 때문이었습니다.

흑사병은 페스트균Yersinia pestis에 의해 발생하는 전염병으로, 14세기 제노바와 베니스에서 창궐해 이탈리아를 거쳐 프랑스, 스페인, 포르투갈, 노르웨이 등 전 유럽으로 확산되었습니다. 흑사병이 전 유럽으로 확산된 이유는 몽골 제국 때문이었습니다. 1347년 카파 전투에서 패배한 몽골군은 투석기를 이용해 흑사병으로 죽은 시체를 성안으로 던졌고, 부패한 시체로부터 시작된 흑사병이 번져 유럽 인구의 1/3이 사망한 것입니다. 그렇다면 왜 몽골 제국은 페오도시야Feodosiya*에서 유럽과 전투를 하고 있었을까요? 놀랍게도 그 이유는 기후 변화에 있습니다. 13세기 초 지구에 소빙하기小氷河期가 찾아오면서 중앙아시아 목초 지대가 급격히 줄어듭니다. 풍요롭던 땅이 메말라가자 몽골의 칭기즈 칸Chingiz Khan은 유럽 정복 전쟁을 시작합니다. 몽골이 유럽으로 간 이유는 바로 생존 때문이었습니다.

---

* 러시아 크림공화국에 속하는 도시

쿠빌라이 칸을 만나는 마르코 폴로 | 작자 미상 | 연도 미상

기후 변화가 만든 부富의 글로벌 네트워크

몽골 제국은 최초로 동서양을 잇는 상업 무역의 글로벌 네트워크를 구축하였습니다. 중국, 서아시아를 잇는 실크 로드Silk Road를 만들어 상업 무역의 세계화를 이룬 것은 몽골 제국의 가장 큰 업적입니다.

몽골 제국은 상업 무역을 통해 부를 창조하고 선진 문물을 당시 변방이었던 유럽으로 전하게 됩니다. 하지만 근대 이후 유럽은 역사에서 서구 문명을 세계사의 중심으로 포장합니다. 이 과정에서 몽골 제국 등 유목민의 역사를 무시하거나 철저히 왜곡합니다.

몽골, 자본주의를 유럽에 전하다

몽골 제국의 쿠빌라이 칸Khubilai Khan은 세계 최초로 불환지폐不換紙幣를 발행합니다. 당시 몽골 여행 중 쿠빌라이 칸을 만난 이탈리아 탐험가 마르코 폴로Marco Polo는 몽골에서 유통된 지폐에 대해 이런 기록을 남겼습니다.

파손된 지폐가 있으면 3퍼센트의 비용을 지불하고 조폐창에 가져가서 새 지폐로 바꿀 수 있다. 만일 금은으로 술잔이나 허리띠 등의 물건을 만들려고 한다면 마찬가지로 지폐를 조폐창에 가져가서 금은으로 바꾸면 된다. 대칸의 군대는 모두 이 지폐로 군향미를 받는다. **

몽골 제국은 상업 무역을 중시하여 상인들을 보호했습니다. 외국 상인의 경우, 입국 시 수수료를 내면 이후 어디를 가더라도 관세를 내지 않아도 되었고, 강도나 사기를 당하면 배상을 받을 수 있었습니다. 이러한 문화로 인해 몽골 제국의 신용은 높아져, 먼 지역에서 거래할 때 무거운 은괴 대신 지폐로 거래할 수 있었습니다.

몽골의 발전으로 이러한 몽골의 자본주의도 초원을 따라

** 《동방견문록》, 마르코 폴로·루스티켈로, 배진영 역, 서해문집, p.146

개의 얼굴을 한 안다만 제도의 상인들 | 부시카우트 마스터 | 연도 미상

유럽으로 전해졌고 이는 후에 베니스에 은행이 탄생하는 초석이 됩니다. 하지만 〈개의 얼굴을 한 안다만 제도의 상인들〉이라는 그림에서 알 수 있듯, 근대 이후 유럽은 대제국을 건설한 몽골의 유목 문화를 야만시했습니다.

찬란했던 몽골의 역사는 그렇게 세계사의 흐름에서 사라져 버립니다. 그러나 몽골이 최초로 대륙과 해양을 잇는 상업 무역의 길을 구축해 인류의 발전에 공헌한 것은 틀림없는 사실입니다.

죽음이 피운 부富의 꽃

흑사병과 졸부의 탄생

악마가 검은 날개가 달린 혐오스러운 짐승 위에 올라타 있습니다. 손에는 커다란 낫이 들려있네요. 악마의 잿빛 피부와 짐승이 뿜어내는 연기는 스산한 분위기를 한층 더해줍니다. 거리 곳곳에는 시신들이 널브러져 있습니다. 길바닥에 쓰러져 있는 하얀 드레스를 입은 신부와 빨간 드레스를 입은 여인이 강렬하게 대비되어 현실의 참혹함이 더 강조되는 듯합니다.

이 작품은 19세기 상징주의 화가 아놀드 뵈클린의 그림 〈페스트〉입니다. 뵈클린이 페스트를 주제로 그림을 그린 것은 그의 자녀들도 페스트로 목숨을 잃었기 때문입니다. 경험을 바탕으로 한 그림이라 그런지 흑사병의 공포를 제대로 담아낸 듯합니다.

모든 것을 망가뜨리기만 한 것 같은 흑사병. 하지만 그 속에서도 인류는 의외의 변화를 맞게 됩니다. 지금부터 살펴보겠습니다.

페스트 | 아놀드 뵈클린 | 1898년

죽음의 승리

흑사병을 묘사한 또 하나의 작품을 봅시다. 피터 뷔리겔Pieter Brueghel의 〈죽음의 승리〉입니다.

사신死神이 낫을 무참히 휘두르고 있습니다. 인간은 아무리 도망쳐도 죽음을 피할 수 없습니다. 사신은 십자가를 새긴 거대한 관 속으로 인간들을 밀어 넣습니다. 사신 앞에서는 왕이나 귀족이나 성직자도 예외가 없습니다. 죽음 앞에서는 온갖 보물도 아무런 소용이 없습니다. 인간들이 모은 돈은 사신이 차지합니다. 십자가를 들고 열심히 기도하는 자도 죽음의 그림자를 피하지는 못합니다. 십자가를 앞세운 사신들이 사람을 조롱하며 나팔을 부네요. 그림의 오른쪽 구석에서는 남녀 한 쌍이 모든 것을 포기한 듯 초연히 노래를 부르고 있습니다. 단테Alighieri Dante의《신곡La Divina Commedia》이 생각나는 〈죽음의 승리〉는 이처럼 흑사병의 참혹함을 세세하게 표현하고 있습니다.

흑사병의 참혹함

이탈리아 최고의 작가 중 한 명으로 꼽히는 지오바니 보카치오Giovanni Boccaccio는《데카메론Decameron》에서 흑사병의 참혹함을 다음과 같이 기록했습니다.

죽음의 승리 | 피터 브뤼겔 | 1562년경

　"아침때 거리를 지나가면 죽어 간 사람들을 헤아릴 수 없이 볼 수 있었습니다. 관이 부족해서 널빤지에 얹어서 들어가는 일도 흔했지요. 게다가 한 관에 둘, 혹은 세 사람의 시체를 넣은 일은 얼마든지 있었습니다."[*]

　14세기 중세 유럽은 전염병이 유행하기 좋은 지저분한

---

[*]　《데카메론》, 지오바니 보카치오, 범우사, p.25

환경이었습니다. 흑사병은 전 유럽으로 확산되었고 발발 4년 만에 유럽 인구의 3분의 1이 사망합니다. 영국 사람의 평균 수명은 17세까지 내려갔고, 11만 명이나 되던 이탈리아 피렌체의 인구는 4만 5,000명으로 줄어들었습니다.

의외의 변화들

많은 이들의 목숨을 앗아간 흑사병은 예상치 못한 변화를 가져옵니다. 그 변화는 바로 새로운 형태의 부자를 탄생시켰다는 사실입니다. 너무 많은 사람이 단기간에 죽자 유산을 다중 상속받아 졸부가 된 사람이 많아졌습니다.

또한 흑사병은 농민의 지위도 향상시켰습니다. 급격한 인구 감소로 노동력이 부족해져 봉건 영주들이 농민들의 처우를 개선했기 때문입니다. 많은 사람의 목숨을 빼앗은 공포의 흑사병. 아이러니하게도 이로 인해 노동자와 농민 계층의 삶의 질은 향상됩니다.

중세 시대 부자의 식사 모습 | 작자 미상 | 연도 미상

졸부들은 겉모습 치장에 열과 성을 다했습니다.

그들의 사치스러운 생활로 패션 산업이 성장하게 됩니다.

죽음이 새로운 부富의 꽃을 피운 것입니다.

03

공포가 만든 것들

민간요법 산업의 성장

그림을 봅시다. 사람인지 동물인지 구분되지 않는 괴상한 정체가
서 있습니다. 전신을 검은 옷으로 감추고 얼굴은 새 부리 모양의 가
면으로 가렸네요. 마치 세상으로부터 자신을 보호하겠다는 의지가
엿보이는 듯합니다. 왼쪽 하단에는 어린아이들이 이 괴상한 정체
로부터 달아나고 있습니다. 손에 이상한 지팡이를 들고 앞으로 걸
음을 옮기는 그는 누구일까요? 아이들은 왜 그를 피해 도망치는 걸
까요?

그는 바로 '흑사병 의사'입니다. 의사라니, 의외인가요? 기괴해 보
이는 눈구멍은 유리로 된 것이고, 부리형 마스크는 향료로 채워진
방독면이고, 지팡이는 환자와 직접 접촉하지 않기 위한 진료 도구
입니다. 모자와 전신을 뒤덮은 가죽 코트 또한 자신을 보호하기 위
한 방역복입니다. 흑사병이 만들어낸 것은 이 '흑사병 의사'만이 아
닌데요. 지금부터 자세히 살펴봅시다.

로마의 부리 의사 | 파울 퓌르스트 | 1656년

기괴한 복장의 흑사병 의사

앞서 본 기괴한 복장의 흑사병 의사들이 주로 활동한 곳은 흑사병 희생자가 많은 마을이었습니다. 희생자를 구하려는 선한 이유보다는 희생자가 많은 마을에서 의사를 고용하고 돈을 지불했기 때문입니다.

흑사병으로 사회가 혼란한 틈을 타 몇몇 의사들은 특별 치료를 내세워 돈을 추가로 요구하기도 했답니다. 충격적인 것은 당시 흑사병 의사는 전문 의사가 아니었다는 사실입니다. 대부분은 경력이 짧은 젊은 의사나 다른 일을 하다가 흑사병 의사로 지원한 비전문가였습니다.

이렇게 된 것은 오히려 전문의사들은 흑사병의 전염성을 두려워하여 진료를 하지 않으려고 했기 때문입니다. 기괴한 복장에서 오는 공포심과 더불어 돌팔이 의사들에 대한 불신 때문에 당시에는 의사에 대한 평판이 그리 좋지 않았다고 합니다.

공포가 만든 것들

흑사병은 중세 유럽의 문화, 경제, 생활 등에 큰 영향을 미쳤습니다. 문화 예술계에 많은 화가와 작가들이 흑사병을 주제로 작품을 만들었지요. 대표적인 작품 중 하나

채찍질 고행단 행렬 | 프란시스코 고야 | 1812~1814년

가 조반니 보카치오Giovanni Boccaccio가 쓴 소설 《데카메론
Decameron》입니다.

현대 소설의 원형, 리얼리즘의 고전 등으로 일컫는 이 작
품은 배경을 모르고 읽으면 왜 고전이 되었는지 이해할 수
없을 정도로 음탕합니다. 정치인과 성직자들의 불륜, 간음
등 온갖 낯 뜨거운 이야기들의 집합일 뿐이죠. 하지만 알고
보면 중세 시대의 역사적인 사건 등을 반영한 작품입니다.

종교 권력의 약화

사람들은 흑사병을 신의 분노나 형벌이라고 생각했습니다. 그래서 독실한 기독교인들은 거리로 나와 자신을 매질하며 신에게 자비를 구했습니다. 신의 분노를 가라앉히기 위한 '채찍질 고행단Flagellants'도 이때 등장한 것이지요. 인간의 간절함에도 불구하고 신의 자비는 없었습니다.

흑사병으로 의사와 성직자 집단에서 가장 많은 희생자가 발생했습니다. 이는 종교 권력에 큰 치명타를 입혔습니다. 세상을 지배했던 성직자도 전염병 앞에서는 예외가 없음을 보고 사람들은 신이 인간을 버렸다고 생각했습니다.

흑사병이 탄생시킨 산업

당시 의사들은 흑사병의 원인이 악마에게 오염된 공기에 있다고 생각했습니다. 사람들은 몸에서 향기를 피우기 위해 꽃과 허브를 주머니에 담아 휴대했습니다. 이는 지금의 아로마테라피Aromatherapy의 기원입니다.

중세 시대 유럽의 환경은 최악이었습니다. 거리에는 죽은 동물의 사체가 널려 있었고 오물은 하수구로 흘러갔습니다. 목욕이 건강에 해롭다고 생각한 유럽인은 목욕을 꺼렸고 오염된 공기를 막으려고 창을 완전히 닫아 밀폐된 생활을 했

네덜란드 속담 | 피테르 브뤼헐 | 1559년

습니다. 그런 상황에서 상류층은 공기 정화를 위해 향수를 사용하였습니다. 더러운 문화가 아이러니하게도 향수용품 발전에 기여하게 된 것이죠. 또한 물이 오염되어 그냥 마실 수 없게 된 탓에 와인과 각종 향신료를 끓여서 마시는 뱅쇼 Vin chaud가 탄생합니다.

열악한 환경과 미신적인 생각이 향신료, 향수, 뱅쇼 등의 민간 요법과 관련된 산업을 성장시킨 것을 생각하면 재밌습니다. 죽음의 공포 앞에서도 인간의 욕망은 새로운 산업을 만들어냈습니다.

04
대항해 시대를
개척한 육두구

부富의 연금술, 육두구

1498년 5월 인도 서남해안 한 어촌에 닻을 내린 낯선 배. 이 배는 포르투갈에서 출항한 후 3년이라는 긴 항해 끝에 인도 캘리컷항 Calicut港에 도착합니다.

그림 속 주인공은 포르투갈 출신 탐험가, 바스코 다 가마Vasco da Gama입니다. 그는 아프리카 남단 희망봉을 거쳐 인도에 간 최초의 유럽인입니다. 그림 속에는 몇 척의 배만 보이지만, 당시 캘리컷항 에는 1,500여 척의 배들이 이르렀다고 합니다.

애덤 스미스Adam Smith는 《국부론》에서 바스코 다 가마의 항해를 "콜럼버스의 신대륙 발견과 더불어 세계사에서 가장 위대하고 중요한 두 가지 중 하나"라고 꼽았습니다. 그들은 무엇을 위해 먼 인도까지 오게 되었을까요? 또 인도 항로 발견으로 시작된 대항해 시대, 그 중심에는 무엇이 있었을까요?

바스코 다 가마가 인도 항구에 도착하는 광경
알프레도 로케 가메이로 | 1900년경

흑사병 치료약으로 사용된 향신료

당시 유럽 사람들은 흑사병의 정확한 원인과 전파 경로를 몰랐습니다. 사람들은 냄새를 흑사병의 전파 경로라고 짐작했고, 흑사병에 걸리지 않기 위해 최대한 냄새를 맡지 않으려고 노력했습니다. 앞에서 살펴보았듯, 흑사병 의사들이 새 부리 모양의 길쭉한 마스크에 온갖 향신료를 넣은 이유도 냄새를 차단하기 위함이었습니다. 당시 귀족 등의 상류층은 향신료로 흑사병을 이겨낼 수 있다고 생각해 향신료에 상당한 돈을 소비합니다. 이때 사용된 대표적 향신료가 바로 '육두구nutmeg'입니다.

대항해 시대를 개척한 육두구

흑사병으로 육두구의 수요가 높아졌으나 공급이 부족해 육두구 가격이 천정부지로 치솟았습니다. 유럽 사람들은 육두구를 구하기 위해 혈안이 되었지만, 육두구 산지가 중동에 있었기 때문에 구하기가 쉽지 않았습니다. 당시 중동은 오스만 제국Osman Empire이 지배하고 있어서 유럽은 육두구를 구하려면 다른 지역으로 바닷길을 개척해야만 했기 때문입니다.

유럽이 선택한 항로는 서쪽 바다였습니다. 희망봉을 돌아

수확한 향신료를 왕에게 진상하는 모습 | 작자 미상 | 연도 미상

세계 일주를 한 마젤란, 인도 항로를 개척한 바스코 다 가마와 신대륙을 발견한 콜럼버스 등의 탐험가들은 육두구를 찾아 세계 일주를 떠났습니다. 흑사병의 특효약 육두구를 찾기 위한 경쟁이 대항해 시대를 활짝 연 것입니다.

육두구와 향신료 가격은?

그렇다면 대항해 시대의 귀공자 육두구를 비롯한 향신료의 가격은 어느 정도였을까요? 그 당시 세비아

Sevilla에서 거래된 향신료 중 샤프란 500g은 말 1마리, 생강 500g은 양 1마리와 맞먹었습니다. 후추는 1알씩 거래되었는데 세금이나 집세를 낼 때 화폐로 통용될 정도였습니다. 후추 500g은 소 3.2마리, 메이스 500g은 젖소 1마리, 육두구 500g은 무려 소 7마리 가격으로 거래되었습니다. 지금은 쉽게 구할 수 있는 향신료가 당시에는 어마어마한 고가품이었습니다.

이렇다보니 당시 육두구와 향신료가 흑사병 치료제로만 사용되지는 않았습니다. 귀족들은 향신료를 자신의 부를 과시할 만한 새로운 사치품으로 생각했습니다. 대항해 시대를 여는 데 큰 공이 있는 카스티야Castile 이사벨 공주는 아들 찰스의 결혼식 때 재력을 과시하려고 후추 290파운드를 결혼식장에 쌓아놓았다고 합니다.

죽음의 공포도 이겨낸 인간의 욕망

육두구는 대항해 시대의 가장 값진 상품이었습니다. 그 때문에 당시 육두구를 나르는 일꾼들의 복장에는 주머니가 없었다고 합니다. 도난을 막기 위함이었지요. 향신료 도난이 얼마나 많았는지를 보여주는 단적인 예가 1545년 영국에서 일어난 메리로즈호Mary Rose號 침몰 사건입니다. 메리로즈호는 지중해에서 침몰되었는데요, 나중에 배를 인양하자 익사한 선원들 대부분의 몸에서 후추가 한 주먹씩 나왔다고 합니다. 그들은 침몰하는 배에서도 향신료를 먼저 챙겼던 것입니다. 부를 향한 비극적인 인간의 욕망을 여실히 보여주는 사건입니다. 부를 향한 인간의 탐욕, 어디까지일까요?

후추를 수확하는 모습 | 작자 미상 | 연도 미상

부유해지고자 하는 인간의 욕망은

죽음의 공포를 뛰어넘는 것일지도 모르겠습니다.

인간의 탐욕이 만든 세계사
러시아 제국을 탄생시킨 모피

세계에서 가장 면적이 큰 나라 '러시아Russia'. 하지만 15세기 러시아는 몽골 지배에서 막 벗어난 작은 나라였습니다. 모스크바는 블라디미르 수즈달 공국 Vladimir-Suzdal의 일부였으며 러시아 내에서도 그다지 비중 없는 도시 중에 하나였습니다. 그러다 16세기 유럽 상류층에서 모피 광풍이 일어났고 모스크바는 모피 산업을 국가적으로 장려하면서 모피 수출을 통해 유럽시장을 장악해 나갔습니다.

모피가 인기를 끌자 모피가 급속히 고갈되었고 사람들은 황금알을 낳는 모피를 구하기 위해 척박한 얼음의 땅, 시베리아로 이주하면서까지 모피를 찾아 나섰습니다. 또한 러시아는 모피를 세금으로 받거나 무역상에게 통관료를 부과했고, 당시 러시아가 모피로 거둬들인 수입은 러시아 전체 수입의 1/3이나 되었다고 합니다.

모피 산업의 호황으로 알래스카까지 진출한 러시아였지만, 점차 모피의 경제적 가치가 줄어들자 1897년 알래스카를 미국에 720만 달러에 매각합니다. 그렇게 러시아 모피 산업은 쇠퇴했고 한때 모피로 제국을 호령하던 러시아의 영광도 끝이 납니다. 결국 러시아가 막대한 영토를 가질 수 있었던 것은 '인간의 욕망' 때문이라고 볼 수 있겠습니다.

05

뉴욕과 바꾼 육두구

육두구를 품은 네덜란드의 비극

불이 붙은 배와 침몰하는 배들. 작은 구명정에 빼곡하게 올라탄 사람들. 시커먼 연기로 뒤덮인 하늘. 그리고 낯익은 영국과 네덜란드 국기도 보이네요. 오른쪽 그림은 사람들의 절규가 들리는 듯한 전투 현장을 묘사하고 있습니다.

이 작품은 1차 영국-네덜란드 전쟁의 모습을 담은 그림입니다. 영국과 네덜란드가 전쟁을 벌인 이유는 무엇이었을까요? 바로 육두구를 비롯한 향신료 때문이었습니다. 앞서 살펴보았듯, 당시 향신료의 땅인 인도네시아를 점령하기 위한 유럽 국가들의 경쟁은 치열했습니다. 특히 영국과 네덜란드는 인도네시아 룬섬Run Island에서 나는 육두구를 차지하려고 치열하게 싸웠습니다. 룬섬은 인도네시아 반다해Banda海의 작은 산호섬으로 육두구가 자생하는 지구 상의 유일한 곳이었습니다. 육두구에 얽힌 이야기, 지금부터 더 살펴봅시다.

1차 영국-네덜란드 전쟁 | 아브라함스 비어스트라텐 | 1653~1666년

황금섬을 탐한 네덜란드

육두구에 대한 네덜란드의 집착은 대단했습니다. 룬섬 현지인들은 당시 포르투갈이 먼저 육두구 거래를 하고 있었기 때문에 네덜란드가 들어오면 자유로운 거래로 높은 가격에 팔고자 했습니다. 하지만 네덜란드는 포르투갈을 몰아내고 육두구를 독점 거래하고 싶어 했습니다.

1609년 현지인들은 육두구 거래 협상을 미끼로 네덜란드 상인들을 유인해 죽입니다. 당연히 네덜란드는 보복을 합니다. 마을을 약탈하고 파괴하는 네덜란드의 보복에 현지인들은 결국 백기를 들 수밖에 없었습니다. 그렇게 현지인들은 잘못된 선택으로 독점 거래권을 네덜란드에 넘겨주게 됩니다. 이 사건을 계기로 네덜란드는 현지인들을 감시하기 위해 반다 네이라Banda Neira에 요새를 세웁니다.

육두구를 품은 네덜란드

대항해 시대 네덜란드는 부를 창출하는 기술이 최고였습니다. 당시 네덜란드는 동인도 회사를 통해 육두구 가격을 지배했습니다. 육두구 가격이 올라가면 대량으로 재배하고, 가격이 내려가면 육두구 나무들을 없애 인위적으로 시세를 조정해 큰 이익을 보았습니다.

이러한 네덜란드의 육두구 생산 과정에 수많은 원주민이 동원되었습니다. 이들은 임금도 제대로 받지 못하고 혹사당하다가 죽거나 장애를 얻기도 했습니다. 안타까운 역사의 단면입니다.

네덜란드, 악마의 거래를 선택하다

육두구를 네덜란드에 넘겨주기 싫었던 영국은 룬섬의 육두구 나무를 싹 베어 버립니다. '신사의 나라'라는 영국의 별칭이 무색한 모습입니다. 룬섬의 육두구를 쟁탈하기 위한 영국과 네덜란드의 싸움은 몇 년간 이어집니다. 그렇지만 인도네시아의 룬섬을 둘러싼 영국과 네덜란드의 전쟁은 결국 네덜란드의 승리로 끝납니다.

네덜란드는 인도네시아 룬섬에 대한 권한을 이양받았고 대신 네덜란드는 영국에 뉴 암스테르담New Amsterdam을 넘겨주게 되었습니다.

네덜란드 입장에서는 당시 쓸모없는 뉴 암스테르담을 포기하고 육두구를 비롯한 향신료의 재배지인 룬섬을 차지하는 것이 더 이익이 되는 거래라고 판단했습니다. 하지만 이것은 네덜란드의 큰 실수였습니다.

영국, 뉴욕을 품은 진정한 승리자

전쟁에서 패한 영국은 이후 콜럼버스를 통해 서인도 제도West Indies를 발견하면서 상황이 역전되었습니다. 인도네시아와 기후가 비슷한 서인도 제도에서 육두구를 대량 생산할 수 있었던 겁니다. 영국은 육두구를 재배하여 유럽에 몰래 풀었습니다. 바닷길도 영국이 훨씬 가까웠기 때문에 네덜란드는 손을 쓸 수 없었습니다.

곧 유럽에서 육두구 가격은 급락했고 네덜란드는 육두구 무역으로 손실을 입게 됩니다. 육두구를 품은 네덜란드의 비극은 여기서 멈추지 않습니다. 육두구를 대가로 이미 뉴 암스테르담을 영국에 양도했기 때문입니다. 이 거래는 역사상 최악의 거래 중 하나로 여겨지고 있습니다. 뉴 암스테르담이 글로벌 금융의 중심인 뉴욕New york으로 발전했기 때문입니다. 어쩌면 당대 전쟁의 진정한 승리자는 뉴욕을 품은 영국일지도 모르겠습니다.

뉴 암스테르담 전경 | 요하네스 빙크분스 | 1664년

영국은 네덜란드 몰래 육두구를 재배해 유럽에 공수했습니다.

이 때문에 육두구 가격은 폭락하고

영국령이 된 뉴 암스테르담은 뉴욕으로 이름을 바꾸고

나중에는 세계적인 금융 도시로 발전합니다.

'승자의 저주'에 발목 잡힌 네덜란드는

대항해 시대에 쟁취했던 왕좌의 권위를 잃고 맙니다.

06

펀딩의 귀재?
콜럼버스 이야기

신대륙을 발견한 탐험가의 실체

화려한 궁전 안, 한 남자가 귀족들에게 둘러싸인 채 서 있습니다. 형형색색으로 치장한 귀족들이 그를 주목하고 있네요. 남자는 왕과 여왕을 향해 정중하게 무언가 이야기하는 듯합니다. 그렇지만 여왕은 정작 그에게 관심이 없어 보이네요. 이 남자는 누구이며, 무슨 이야기를 하는 중일까요?

이 그림은 독일 태생의 미국 역사화가 엠마누엘 로이체의 〈여왕을 만나는 콜럼버스〉라는 작품입니다. 콜럼버스가 이사벨 여왕에게 신대륙 탐험을 지원해달라고 요청하는 장면을 표현한 것입니다. 하지만 그림에서 알 수 있듯, 정작 여왕은 머리에 손을 얹은 채 콜럼버스의 시선을 피하고 있습니다. 과연 콜럼버스는 이사벨 여왕을 어떻게 설득시켜 신대륙 탐험 프로젝트를 진행할 수 있었을까요? 콜럼버스 이야기, 지금부터 시작합니다.

여왕을 만나는 콜럼버스 | 엠마누엘 로이체 | 1843년

이사벨 여왕을 설득하다

앞서 본 그림 속 주인공은 우리가 잘 알고 있는 이탈리아 출신의 탐험가이자 항해가 크리스토퍼 콜럼버스 Christopher Columbus입니다. 그는 마르코 폴로의 《동방견문록東方見聞錄》의 영향을 받아 탐험가가 되었다고 합니다.

콜럼버스는 서쪽 바닷길로 나아가면 인도를 발견할 수 있을 거라고 생각해 1484년에 포르투갈의 왕 주앙 2세John Ⅱ에게 인도 항로 개척을 위한 지원을 요청했습니다. 하지만 희망봉 항로를 준비 중이던 주앙 2세는 그의 요청을 거절했고 콜럼버스는 스페인으로 건너갑니다.

당시 스페인은 카스티야 왕국Kingdom of Castile과 아라곤 왕국Aragon of Castile으로 구분되어 있었는데, 콜럼버스는 당시 카스티야를 통치하던 이사벨 여왕 1세에게 지원 요청을 합니다. 이사벨 여왕은 국가 번영에 관심이 많았고 식민지 건설에 적극적이었지만, 콜럼버스의 인도 탐험 계획이 가능성이 없다고 판단해 거절합니다. 하지만 콜럼버스는 포기하지 않습니다. 당시 스페인은 포르투갈과 선교지 개척을 두고 경쟁 중이었기에 그는 교회 성직자들에게 더 넓은 선교지를 개척할 수 있다는 것을 내세웁니다. 이에 성직자들은 이사벨 여왕을 설득해 마침내 콜럼버스는 등용됩니다.

신대륙을 발견한 콜럼버스

선교와 신대륙 개척을 위하여 이사벨 여왕은 콜럼버스를 해군 제독에 임명합니다. 1492년 8월 3일, 세 척의 배에 선원 87명을 태우고 콜럼버스는 역사적인 출항을 합니다. 서쪽으로 향하던 배는 오랜 항해 끝에 한 섬에 도착했는데 그곳은 북아메리카 바하마 제도의 과나하니Guanahani 섬이었습니다. 하지만 콜럼버스는 그곳이 인도라고 생각했고, 잘 도착한 것에 대한 감사의 마음을 담아 그 섬의 이름을 '성스러운 구세주'라는 뜻의 '산살바도르San Salvador'라고 지었습니다. 또한 원주민을 인도인이라고 생각해 그들을 '인디언'이라 불렀습니다. 산살바도르에 도착한 콜럼버스는 원주민으로부터 금에 대한 정보를 얻고 금을 찾기 시작합니다. 콜럼버스의 항해일지에는 '금'이라는 말이 65번이나 나오는데요. 그것만 보아도 얼마나 그가 금에 집착했는지 알 수 있습니다. 충분한 금을 확보하지 못하자 그는 진주, 육두구 같은 향신료에도 집요한 관심을 보였습니다.

탐험가의 화려한 귀환

1493년 3월 콜럼버스는 화려하게 귀국합니다. 그는 신대륙에서 가져온 보물을 왕에게 바치고 '신세계'의 부

콜럼버스의 귀환 | 외젠 들라크루아 | 1839년

왕副王으로 임명되었습니다. 그는 2차 항해를 준비합니다. 1차 항해 때 불과 배 3척, 87명이었던 선단은 2차 항해에 배 17척, 선원 1,500명의 대선단으로 늘어납니다. 그가 수많은 보물을 가지고 귀환했다는 소문을 듣고 사람들이 몰렸기 때문이지요. 그렇게 콜럼버스는 2차 원정을 떠났고, 이후 80년 동안 16만 명의 스페인 사람들이 신대륙으로 이주합니다. 그들은 원주민을 착취하여 200개에 달하는 도시를 건설했습니다.

신대륙을 발견한 탐험가의 실체

처음 이사벨 여왕에게 지원 요청을 거절당한 콜럼버스는 '육두구'를 이용해 여왕을 설득했습니다. 욕심 많은 여왕에게는 최적의 펀딩 전략이었던 것입니다. 왕과 귀족들도 고수익의 가능성을 보았을 것이고요. 또한 콜럼버스는 마케팅의 귀재이기도 했습니다. 1차 항해 후 2차 항해 선단을 대폭으로 늘리는 성과를 창출합니다. 흑사병 치료 명분과 왕과 귀족의 부의 욕망을 자극한 콜럼버스의 스토리텔링이 대탐험가를 탄생시켰다고 할 수 있겠습니다.

그러나 콜럼버스는 인디언 문화를 파괴하고 많은 인디언을 죽게 만든 인디언 노예 정책을 최초로 만든 사람이기도 합니다. 영웅의 실체는 만들어진 승리자였습니다.

그들은 한결같이 키가 크고 자세도 곧았다.

그들은 영리하고 훌륭한 노예로 적격이었다.*

---

* 《콜럼버스 항해록》, 크리스토퍼 콜럼버스, 이종훈 역, 서해문집, p.44

07
암흑기에 피어난 악의 꽃

흑사병보다 무서운 욕망

오른쪽 그림을 봅시다. 집행관처럼 보이는 이가 여러 사람을 잔인하게 화형시키고 있습니다. 주변 사람들은 그 광경을 그저 바라볼 뿐입니다. 불구덩이 속 사람들은 절망적인 표정을 짓고 있네요. 장작을 나르는 사람 뒤에는 이 비극적인 상황을 비열한 미소를 지은 채 쳐다보는 남자가 보입니다.

이 그림은 1349년 스트라스부르Strasbourg에서 2천여 명의 유대인이 학살당한 역사를 기록한 것입니다. 당시 유대인은 산 채로 불태워졌습니다. 그들은 도대체 무슨 잘못을 저질렀기에 이런 끔찍한 형벌을 당했던 것일까요? 유대인을 학살한 이들의 말처럼 정말 유대인과 흑사병이 관련이 있었을까요? 공포와 무지 속에서 인간의 악함이 어떻게 드러났는지 지금부터 살펴봅시다.

1349년 2월 스트라스부르 유대인 대학살 | 작자 미상 | 14세기경

공포가 낳은 인간의 잔인함

흑사병에 감염된 사람들이 검게 변해가는 모습을 보고 당시 사람들은 지옥의 벌이라고 생각했습니다. 흑사병의 원인을 몰라 공포감은 더 컸습니다. 세상은 혼탁해지고 신이 외면하는 듯한 상황에 사람들은 급기야 광기 어린 모습을 보이기 시작합니다. 혼란한 상황에서 받는 스트레스와 공포, 신에 대한 분노가 극에 달한 것이지요.

희생양은 유대인이었습니다. 유대인이 우물과 하천에 독을 풀었다는 소문이 돌자 '채찍질 고행단'과 그들을 믿는 광신도들은 유대인을 불법 감금하고 고문해 자백을 받아냅니다. 이는 후에 유대인을 산 채로 화형시키는 대학살로 이어집니다.

정의는 존재하는가?

유대인 학살이 심해지자 교황 클레멘스 6세는 1348년 7월 6일 마침내 교황 칙령을 내립니다. 〈아무리 불충하더라도Quamvis Perfidiam〉라는 이름의 이 칙령의 골자는 '유대인 박해 금지'였습니다. 하지만 칙령도 사람들의 집단 광기를 막을 수 없었습니다.

흑사병 유행기에 벌어진 유대인 학살 | 작자 미상 | 1493년
뉘른베르크 연대기 목판화

　오히려 신성 로마 제국*의 황제 카를 4세는 유대인 학살
을 방조했습니다. 혼란스러운 세상을 바로잡아야 하는 지도
자가 이러한 태도를 보이자 유대인 학살은 더욱 심각해집니
다. 재판 절차 없이 화형에 처하는 일도 비일비재하게 일어

---

* 　신성 로마 제국: 962년부터 1806까지 독일 군주가 '황제'라는 칭호를 가졌던 시
대의 독일제국의 정식 명칭이다.

났습니다. 이런 상황을 견디지 못하고 일부 유대인들은 스스로 집에 불을 놓아 자살하기도 했습니다. 그렇게 유대인들은 죽음으로 신앙을 지켜낸 것입니다.

유대인 학살의 진짜 이유

그렇다면 유대인들은 왜 이런 학살의 피해자가 되어야 했을까요? 그 이유는 바로 '돈'에 있습니다.

중세 시대 유대인들이 주로 활동한 분야는 경제 관련 업종이었습니다. 특히 고리대금업에 종사하는 사람이 많았습니다.

그런데 흑사병으로 경제적 상황이 어려워지자 유대인에게 많은 빚을 졌던 봉건 영주들은 그 돈을 갚지 않기 위해 유대인들을 잡아들입니다. 물론 일반 서민 중에서도 유대인 고리대금업자에게 대출을 받은 사람이 많았습니다. 이런 서민들은 봉건 영주와 함께 유대인 탄압에 앞장섰습니다.

또한 유대인과 이권과 다툼을 하던 길드$_{guild}$**들도 유대인들을 없애기 위해 흑사병을 이용해 대중을 선동했습니다. 유대인들은 살아남기 위해서 빚을 탕감해주는 서약을 했습니다.

** 길드(guild): 중세 시대에 상공업자들이 만든 동업자조직을 뜻한다.

당시 학살로 죽은 유대인들의 재산은 봉건 영주와 교회로 귀속되었습니다. 결국 이 참혹한 유대인 학살은 돈에 대한 인간의 욕망이 불러온 비극이었습니다.

지금 인류는 '코로나'라는 새로운 팬데믹과 마주했습니다. 우리는 이 상황 속에서 어떤 마녀사냥을 하고 있습니까? 다시는 아픈 역사를 되풀이하지 말아야겠습니다.

08
봉건 제도의 몰락과
부르주아의 탄생

흑사병이 바꾼 경제 구조

강가에 많은 병사들이 정렬한 채 대기하고 있습니다. 병사들의 시선은 화려한 휘장으로 한껏 멋을 낸 배를 향하고 있습니다. 정작 그 배에 탄 귀족들은 병사들이 자신들을 응시하는 것에 관심이 없어 보입니다. 이 병사들과 귀족들 사이에는 협상을 하는 듯 보이는 두 인물이 있습니다. 그들은 어떤 이야기를 나누고 있는 것일까요?

이 그림은 프랑스의 궁정 역사가 장 프루아사르 Jean Froissart 의 〈와트 타일러의 난〉을 묘사한 작품입니다. 프랑스와 백년전쟁을 벌인 영국은 인두세를 부과했습니다. 충분한 세금이 걷히지 않자 또다시 세금을 징수하려 하였고, 불만이 폭발한 농민을 중심으로 봉기가 일어납니다. 바로 '와트 타일러의 난'입니다. 이를 통해 봉건 제도는 몰락하게 되고 새로운 계층 탄생의 계기가 됩니다. 그 주인공은 누구일까요?

와트 타일러의 난 | 장 프루아사르 | 15세기경

와트 타일러의 난

와트 타일러의 난Wat Tyler's Rebellion은 1381년 잉글랜드 남동부를 휩쓴 대규모 농민 민란입니다. 이 민란의 발생 원인은 흑사병으로 인한 경제 붕괴, 정치적 불안정, 백년전쟁*으로 인한 노동력 및 전비 착취 등 다양합니다. 그중 민란의 직접적 원인이 된 것은 1381년 왕실에서 전비 조달 명목으로 15세 이상의 주민에게 인두세를 부과한 사건이었습니다. 이미 열악한 환경에 시달리고 있던 농민들은 거세게 반발하였습니다. 반발 세력은 잉글랜드 곳곳에서 일어났고 수많은 농민이 봉기에 동참했습니다. 이때 농민들은 세금 경감과 함께 농민들의 권위 신장, 고위 관리와 법관 제거 등을 요구했습니다.

흑사병이 바꾼 경제 구조

봉건제는 소작농의 생산력을 이용하여 귀족 계층이 부를 누리는 경제 구조였습니다. 하지만 흑사병으로 많은 사람이 사망하자 일꾼이 귀해졌습니다. 농민과 노동자의 몸값이 오르자 영주들은 일꾼을 구하려면 전보다 더 많

---

* 백년전쟁(Hundred Years' War): 1337년부터 1453년까지 116년 동안 단속적(斷續的)으로 이어진 영국과 프랑스 간의 전쟁.

중세 프랑스 상점 | 작자 미상 | 연도 미상

은 돈을 써야 했습니다. 이 때문에 지주들의 이익은 감소하고 마을 단위의 경제 네트워크는 붕괴됩니다. 또 농민과 노동자들은 주인에게 얽매이지 않는 자유도 얻었습니다. 이렇듯 중세 유럽을 지배하던 영주와 농민의 관계가 깨지면서 유럽은 새로운 경제 구조로 재편되기 시작합니다. 영주들의 일은 임대 사업이나 목축업으로 자연스럽게 변하였고 결국 16세기에 들어서면서 봉건제는 사라지게 됩니다.

부르주아의 탄생

흑사병은 왕과 봉건 영주, 성직자 중심에서 새로운

아테네 학당 | 라파엘로 산치오 | 1510~1511년

경제 중심 세력을 탄생시켰습니다. 바로 부르주아bourgeoi 입니다. 프랑스어로 성城을 뜻하는 부르그bourg란 새롭게 생긴 상공업 도시를 의미하며, 부르주아는 그곳에 사는 상공인들을 의미합니다.

이후 개인주의와 상업 활동이 활발해지면서 시장과 화폐경제, 교역의 시대로 변모하게 됩니다. 부르주아의 탄생으로 신의 시대는 저물고 인간 중심의 르네상스 시대가 태동한 것입니다. 라파엘로의 〈아테네학당Athens Academy〉은 인본주의 르네상스를 상징적으로 보여주는 작품입니다.

해적들의 황금시대
캐리비안 해적의 비밀

해적 하면 무엇이 떠오르나요? 해골이 그려진 깃발, 갈고리 손, 애꾸눈, 영화 〈캐리비안의 해적Pirates of the Caribbean〉의 주인공 '잭 스패로우' 등을 떠올리는 분이 많을 겁니다. 그렇다면 해적들의 황금시대는 언제인지 알고 있나요?

해적은 대항해 시대에 카리브해Caribbean Sea를 근거지로 활발히 활동했습니다. 대항해 시대 당시, 스페인은 신대륙 식민지를 통해 금, 은, 향신료 등을 공수해 전 세계로 보급해 막대한 부를 쌓고 해양 패권을 차지하는데요. 네덜란드, 영국 등이 스페인의 독주를 막기 위해 이용한 것이 바로 '해적'입니다. 국가 공인 해적인 '사략선Privateer'의 시대가 열린 것입니다.

해적 양성에 가장 적극적인 나라는 영국이었습니다. 영화 속 잭 스패로우의 모델은 '검은 수염'이라는 별명으로 유명한 '에드워드 티치Edward Teach'인데요. 그는 사략선으로 적국의 배를 약탈하라는 영국 왕실의 지시를 받고 전쟁을 벌입니다. 당시에는 국가에서 지원을 받고 싸우면 부와 명예를 얻을 수 있다는 인식이 있어 해적이 되려는 사람이 많았다고 합니다. 하지만 탐욕의 대항해 시대가 저물면서 해적들은 비참한 최후를 맞게 됩니다. 국가적으로 해적을 소탕하여 교수형에 처하고, 죄를 씻는 의미로 바닷가에 던져 세 번의 밀물과 썰물을 맞도록 방치했습니다. 그렇게 해적들의 욕망과 위세는 보물선의 전설과 함께 깊은 바닷속에 잠들었습니다.

세로 리코의 성모 | 작자 미상 | 1680년

유럽 제국은 약탈로 대항해 시대를 열었고

세계 최초의 기축통화 은銀이 부의 지도를 완성합니다.

PART 3

대항해 시대
부富의 지도

인간의 욕망이 세계를 열다

01

대항해 시대의
원조 지배자

바다의 최강자 스페인 무적함대

바다에서 수많은 배들이 치열하게 전투를 벌이고 있습니다. 이들은 누구이며 무엇을 위해 싸우고 있는 것일까요? 이번에는 그림 상단을 봅시다. 아비규환인 전쟁터와는 달리 평화로운 모습입니다. 마리아로 보이는 여인을 천사와 성인들이 경배하고 있습니다.

이 그림은 이탈리아의 화가 '파올로 베로네세'의 〈레판토 해전Battle of Lepanto〉입니다. 1571년 오스만 제국이 유럽을 침략하자 교황은 연합 함대를 제안했고, 이때 참전한 스페인 함대가 전쟁 승리에 크게 기여합니다. 〈레판토 해전〉은 신의 축복을 받은 유럽이 오스만 제국에게 승리한 모습을 상징적으로 연출한 작품입니다. 이 전쟁을 계기로 스페인은 유럽 무대에 화려하게 등장하고 최강국으로 도약합니다. 대항해 시대의 원조 지배자 스페인, 그들의 무적함대 이야기를 시작하겠습니다

레판토 해전 | 파올로 베로네세 | 1571년

대항해 시대와 스페인의 등장

유럽의 흑사병 창궐은 대항해 시대를 여는 씨앗이 됩니다. 15~18세기 유럽의 배들이 전 세계를 돌아다니며 항로를 개척하고, 탐험과 무역이 바닷길을 통해 활기를 띠게 되면서 대항해 시대가 열린 것이지요.

그렇다면 대항해 시대에 바닷길을 장악한 나라는 어디일까요? 바로 무적함대로 잘 알려진 나라, 스페인입니다.

1492년 이사벨 여왕은 그라나다Granada를 점령하여 '레콩키스타Reconquista*'를 완성하고, 800년간 이베리아반도를 지배한 이슬람 세력을 몰아내며 역사에 화려하게 등장합니다. 그녀는 콜럼버스를 지원하여 신대륙 항로 개척과 식민지 건설로 200년간 세계 해양 패권을 거머쥐게 됩니다.

바다의 최강자, 스페인 무적함대

바닷길은 스페인에게 부를 가져다주는 통로였습니다. 스페인은 바닷길 개척을 통해 신대륙을 발견하고 식민지를 통한 무역으로 엄청난 부를 창출합니다. 스페인은 해군력 강화를 통해 부를 유지하려고 노력했습니다.

---

* 레콩키스타(Reconquista): 711~1492년까지 780년 동안 중세 스페인과 포르투갈의 그리스도교도가 무슬림이 지배하던 스페인 땅을 되찾기 위해 벌인 전투. '재정복 운동', '국토 회복 운동'이라고도 한다.

스페인과 아즈텍의 전투 | 엠마누엘 로이체 | 1848년

1571년 오스만 제국이 지중해를 통해 유럽을 침략하자 교황은 스페인을 비롯한 연합 함대를 결성해 대응하여 전쟁을 승리로 이끌었습니다. 이 승리의 기운이 스페인을 더 강하게 만들어 이후 포르투갈과의 전쟁에서 리스본을 함락시키고 최강의 함대를 구축하는 데 일조합니다.

스페인이 이른바 '무적함대Armada'로 불리게 된 것은 레판토 해전에서 오스만 제국에 승리하면서부터입니다. 스페인은 레판토 해전을 승리로 이끌며 지중해의 패권 국가로 발돋움합니다. 이후 신대륙 바닷길을 개척한 스페인은 16세기 잉카·마야 제국을 정복하며 바다의 최강자로서 위상을 떨칩니다.

약탈로 이룩한 부富

최강의 무적함대 구축과 콜럼버스의 신대륙 발견으로 스페인은 식민지 사업을 본격적으로 시작하게 됩니다. '신대륙 발견'이라는 말은 다소 낭만적으로 들릴 수 있으나, 실상은 그렇지 않았습니다. 강철 갑옷과 검으로 무장한 120여 명의 스페인 군대는 아메리카 대륙의 원주민들을 잔인하게 살해합니다. 또한 스페인 군대를 통해 유입된 천연두로 당시 신대륙 인구의 90%는 죽음을 맞습니다. 이는 잉카와 아즈텍 문명을 몰락시키는 결과를 초래합니다. 스페인이 신대륙에서 얻은 금의 양은 상상을 초월했습니다. 1510년대 9.1톤이던 것이 1550년대에는 42.6톤까지 늘었습니다. 즉 스페인은 신대륙에서 원주민을 착취하고 보물을 약탈하는 잔혹한 방식으로 부를 축적한 것입니다.

콜럼버스의 신대륙 상륙 | 디오스코로 테오필로 데 라 푸에블라 톨린 | 1862년

스페인 페르난도 2세는 1511년 신대륙 탐험대에게 명령을 내립니다.

"금을 가져와라. 가능한 한 인도적인 방법으로.

그러나 어떤 수단과 방법을 가리지 말고 금을 가져와라."*

그렇습니다. 제국주의자들의 목표는 명확했습니다.

*《부의 역사》, 권홍우, 인물과사상사, p.38

02

사람 잡아먹는
죽음의 은광

포토시 은광 이야기

광산으로 보이는 듯한 마을에 열심히 일하는 검은빛 피부의 사람들이 눈에 들어옵니다. 마을은 삭막함으로 뒤덮여 있고 일하는 사람들은 몹시 힘겨워 보입니다. 나무 한 그루도 찾아볼 수 없는 벌거벗은 산은 푸른 하늘과 대비를 이룹니다.

이 그림은 볼리비아의 포토시 은광의 작업장을 그린 것입니다. 그런데 그림을 자세히 들여다보면 산속에 무언가 있습니다. 바로 크게 두 무리로 나뉜 사람들입니다. 말을 탄 몇 안 되는 사람들이 수많은 노동자를 감시하고 있고, 노동자들은 무언가를 캐내는 것 같습니다. 이곳은 어디이며 일하는 이들이 캐려는 것은 무엇일까요? 또한 작업 중인 일터 옆 계곡으로 보이는 곳은 붉은색으로 칠해져 있는데, 이 부분을 붉은색으로 표현한 까닭은 무엇일까요?

볼리비아 포토시 은광 | 작자 미상 | 1603년

황금의 나라, 엘도라도를 찾아서

대항해 시대의 스페인은 식민지 개척에 가장 적극적인 나라였습니다. 신대륙에 도착한 그들은 원주민을 학살하고 황금을 찾기 시작합니다. 그들은 인디언들이 들려준 황금이 가득하다는 엘도라도El Dorado에 대한 전설을 믿게 됩니다. 스페인의 프란시스코 파사로Francisco Pizarro와 콩키스타도르Conquistador는 신대륙에 황금 도시가 있다는 소문을 퍼뜨려 투자자를 모았습니다. 그들은 아즈텍과 잉카 제국을 약탈하면서 막대한 보물을 얻게 되지만 정작 금은 충분히 확보하지 못합니다.

고귀한 은의 도시

충분한 금을 확보하지 못한 정복자들의 욕심은 멈추지 않았습니다. 황금을 찾아 내륙으로 진출하였는데 이때 포토시에서 대량의 은광을 발견합니다. 해발 4000미터에 산꼭대기에 위치한 포토시에서 1545년 은광이 발견된 것입니다. 스페인 국왕 펠리페 2세는 '이 고귀한 은의 산은 제왕이 세상을 정복하게 할 것'이라고 찬사를 보냈다고 합니다. 대항해 시대에 부의 핵심이 된 포토시는 '부유한 산'을 뜻하는 '세로 리코Cerro Rico'라는 별칭도 얻습니다.

포토시에서 생산한 은의 생산량은 당시 한 해 세계 은 생산량의 절반이 넘는 수준이었습니다. 은광 발견으로 포토시는 17세기 세계에서 가장 큰 도시 중의 하나로 성장합니다.

사람 잡아먹는 산, 포토시 은광

포토시는 스페인에만 '부유한 산'이었고 원주민에게는 '사람 잡아먹는 산'이었습니다. 포토시 은광에서 수백 킬로미터 떨어진 곳에 살던 원주민들은 포토시 은광에 강제 노역으로 끌려갔습니다. 그들은 수십 킬로그램이 넘는 은광석 포대를 하루에 25개씩 옮겨야 했습니다. 원주민들은 밧줄 사다리에 몸을 의지해 몇십 미터 깊이의 은광을 오르내리며 은을 채굴했습니다. 또 채굴된 은광석과 수은을 혼합하기 위해 수은 구덩이에도 맨발로 들어갔습니다. 이 과정에서 수많은 원주민이 목숨을 잃었습니다.

앞서 본 그림 속의 붉은 계곡을 떠올려봅시다. 그 계곡의 붉은 물은 '원주민의 피'를 상징합니다. 스페인은 이렇게 얻은 은으로 은화 '페소 데 오초Peso de Ocho'를 주조했습니다. 페소 데 오초는 대항해 시대 기축통화 역할을 담당했고 이로써 스페인은 무역 패권을 장악하게 되었습니다.

포토시 은광에서 일하는 원주민 | 데오도르 드 브리 | 1590년

16세기 후반 전 세계 은 생산량의 60%를 차지하며

스페인에게 부를 가져다준 포토시 은광.

스페인이 낳은 가장 위대한 소설가 세르반테스는

소설 《돈키호테》에서 '포토시만큼의 가치가 있다'며

포토시를 찬양한 바 있습니다.

1825년 스페인으로부터 독립한 볼리비아는

은이 고갈된 껍데기 광산만 되돌려 받습니다.

포토시 은광은

스페인에게 '부유한 산'이었지만

원주민에게는 '사람 잡아먹는 산'이었습니다.

03

새로운 해상 강국의 등장

네덜란드 독립 전쟁

회의장에 사람들이 모여 있습니다. 검은 옷을 입은 사람들이 선언 문처럼 보이는 것을 들고 선서를 하고 있네요. 사람들의 진지한 표정을 보니 매우 중요한 일인 듯합니다. 곳곳에 오렌지색 망토를 두른 몇 사람도 보이네요. 이들은 회의장에 모여서 무엇을 하고 있는 걸까요?

엄숙한 회의장의 모습을 담은 이 그림은 네덜란드의 풍속화가 '헤라르트 테르보르흐'의 〈베스트팔렌 조약Peace of Westfalen〉이라는 작품입니다. 1648년에 체결된 이 베스트팔렌 조약은 최초의 근대적 외교 회의로, 이때 국왕을 주인으로 삼는 '주권 국가'라는 개념이 성립되었습니다. 베스트팔렌 조약의 가장 큰 수혜를 입은 나라는 네덜란드였는데요. 독립 국가 지위를 얻게 된 네덜란드는 상인 국가로 발전하여 세계 최고의 부자 나라로 도약하게 됩니다. 지금부터 그 과정을 자세히 들여다보겠습니다.

베스트팔렌 조약 | 헤라르트 테르보르흐 | 1648년

네덜란드 독립 전쟁

대항해 시대, 스페인은 신대륙을 식민지로 갖고 있었으며 프랑스와 네덜란드도 통치하고 있었습니다. 레콩키스타를 완성하고 스페인을 통일한 이사벨 여왕은 가톨릭을 수호하기 위해 1492년 알함브라 칙령Alhambra Decree*을 내립니다. 이로 인해 수많은 유대인이 스페인의 종교적 탄압을 피해 네덜란드로 이주합니다. 1517년 루터의 종교 개혁으로 네덜란드에는 종교적 자유가 있었기 때문입니다.

네덜란드에 신교도가 급증하자 스페인은 신교도 8,000여 명을 처형하고 이들의 재산을 몰수합니다. 또한 중계 무역으로 얻은 수입에 세금을 부과하고 상업을 제한하였습니다. 이로 인해 네덜란드의 민심은 거세게 폭발합니다.

당시 네덜란드에는 스페인에서 쫓겨난 유대인과 유럽 각지에서 모인 상인들이 모여 이룬 거점이 있었는데요. 종교적 탄압과 경제적 압박에 시달리던 네덜란드는 이 거점을 기반으로 스페인에 적극적으로 대응합니다.

네덜란드는 스페인에 맞서 성상파괴운동Iconoclasm을 벌

---

* 알함브라 칙령(Alhambra Decree): 1492년, 유대인에게 가톨릭으로 개종하거나 스페인에서 떠날 것을 명령한 유대인 추방령이다. 이로 인해 당시 금융 및 유통망을 장악하던 유대인들이 한꺼번에 추방되면서 스페인 경제는 급속히 붕괴되었다.

입니다. 독실한 가톨릭 수호자 스페인은 이를 용납할 수 없었고 이것을 계기로 네덜란드 독립 전쟁**이 발발합니다.

탄압을 물리친 자유의 저항

건너지 말아야 할 강을 건넌 네덜란드. 이들에 대한 스페인의 복수는 무자비했습니다. 스페인은 막강한 군대로 전쟁에서 승리하며 1573년 남부 레이던시Leiden市를 공략합니다.

하지만 레이던 시민들의 반격도 만만치 않았습니다. 당시 레이던 시장 반 데르 베르Van der Werff가 자신의 팔을 잘라 식량으로 내놓았다는 이야기가 있을 정도로, 지원이 절망적인 상황에서도 레이던 시민들은 저항을 멈추지 않았습니다.

힘겹게 버티턴 레이던 시민들은 최후의 수단으로 제방의 둑을 터뜨려 대서양의 물이 유입되게 합니다. 네덜란드인에게 생명과 같은 제방을 파괴하여 스페인을 몰아내려 한 것입니다. 간척 사업으로 땅을 확보한 네덜란드에게 제방을 무너뜨리는 것은 죽기를 각오한다는 의미 그 이상이었습니

** 네덜란드 독립 전쟁(Eighty Years' War): 1572~1609년, 스페인의 속령(屬領)이었던 네덜란드의 홀란트, 위트레흐트 등 북부 7주가 본국에 대항하여 독립을 쟁취한 전쟁으로, '80년 전쟁'으로 불리기도 한다. 이 전쟁으로 네덜란드는 스페인으로부터 독립하였으며, 1648년 베스트팔렌 조약을 통해 법적으로도 독립을 인정받았다.

레이던 공방전 | 오토 반 벤 | 1574년

다. 이 엄청난 한 수로 전세가 역전되어 네덜란드는 승리를
거머쥡니다. 스페인의 탄압을 물리치고 얻은 네덜란드의 자
유는 1648년 베스트팔렌 조약을 통해 인정을 받습니다. 마
침내 독립국이 된 것입니다.

네덜란드, 해상 강국으로 우뚝 서다

종교 개혁은 유럽을 전쟁터로 만들었습니다. 무적 함대 스페인의 국력이 쇠퇴하기 시작하면서 유럽은 서서히 변화되었습니다. 그 변화의 중심에 네덜란드라는 작은 나라가 있었습니다. 네덜란드는 지리적 장점을 최대한 활용하여 무역과 조선업으로 부를 이루기 시작합니다.

구교의 탄압을 피해 네덜란드에 자리 잡은 유대인과 신교도의 자본은 주식회사와 증권 거래소를 만들어 현대 금융의 기초를 만듭니다. 종교의 자유에서 시작한 신념과 개척 의지는 종교 탄압을 피해 네덜란드에 정착한 유대인의 금융과 결합되어 17세기 네덜란드의 황금시대를 열었습니다.

04
청어 뼈 위에 건설된
암스테르담

무역 강국을 만든 청어

고요한 물에 비친 마을과 하늘의 모습이 시간이 멈춘 듯한 느낌을 줍니다. 밝은 하늘과 부드러워 보이는 구름, 미동조차 없는 물결은 신비로움을 자아냅니다. 이런 풍경 덕분인지 선착장 주변에서 이야기를 나누는 사람들은 평화로워 보입니다.

이 서정적인 그림은 네덜란드 황금시대에 활동했던 '요하네스 베르메르'가 그린 〈델프트의 풍경〉입니다. 그는 평생 40점의 작품만을 그렸지만, 렘브란트와 함께 네덜란드 바로크 미술의 쌍벽이라 평가받습니다. 작가의 고향이기도 한 네덜란드 서부의 소도시 델프트. 작가는 운하가 발달된 이곳의 풍경을 그림에 잘 담았습니다. 그림 속 정박된 배는 청어잡이 선박으로, 청어는 네덜란드에 황금과 같은 존재였습니다. 지금부터 네덜란드 황금시대를 만든 청어 이야기를 시작하겠습니다.

델프트 풍경 | 요하네스 베르메르 | 1660~1661년

금요일의 물고기

유럽 역사에 청어가 끼친 영향은 대단했습니다. 유럽은 가톨릭 국가여서 사순절과 금요일에는 육류 섭취가 금지되어 있었습니다. 이때 육류를 대신해 사람들의 욕구를 채워준 것이 바로 '청어'였습니다. '금요일의 물고기'라고도 불리는 청어는 유럽인의 단백질 보충에 절대적인 기여를 했고 이후 세계사의 헤게모니를 네덜란드로 옮겨 놓습니다.

청어 뼈 위에 건설된 도시, 암스테르담

중세시대 때 청어는 유럽인들이 즐겨먹는 대중적인 생선이었습니다. 14세기 청어는 독일 북부와 맞닿은 발트에서 많이 잡혔는데요. 한자동맹Hanseatic League이라 불린 독일 상인 연합은 청어를 잡아 유럽 각지에 팔면서 부를 축적했습니다. 그런데 해류가 변하면서 발트해에서 잡히던 청어가 네덜란드 앞바다 북해로 몰려들었습니다. 이에 네덜란드는 대대적인 청어잡이에 나섭니다. 하지만 당시는 염장기술이 발달하지 않아 청어를 잡은 후 빨리 회항해야 하는 것이 큰 문제였습니다.

1358년 빌럼 벤켈소어Willem Beukelszoon라는 어민이 염장법을 개발하여 이 문제를 해결합니다. 생선을 잡는 즉시

청어를 쓸어담고 있는 암스테르담 사람들 | 작자 미상 | 연도 미상

머리와 내장을 제거하고 소금에 절여 통에 보관한 것입니다. 덕분에 어업선은 빨리 회항할 필요가 없어 오랜 시간 조업이 가능했고 더 많은 청어를 잡을 수 있게 되었습니다.

당시 인구 100만 명 중 30만 명이나 청어잡이에 나설 정도로 청어는 네덜란드의 중요한 자산이었습니다. 염장한 청어는 유럽 각지로 전파되어 유럽인의 먹거리가 되었습니다. 시민들은 암스테르담이 '청어 뼈 위에 건설된 것'이라고 자랑스럽게 말했고, '바다의 마부'라며 자신들을 칭했습니다. 청어는 네덜란드에 큰 부를 선사한 복덩이었습니다. 청어 떼의 이동이 네덜란드에 엄청난 행운이었던 것이지요.

청어, 네덜란드의 황금시대를 열다

청어잡이 호황으로 고기잡이배가 많이 필요했습니다. 이는 조선업 발전으로 이어졌고 마침내 '바지선'을 만들어 배 위에서 청어를 염장할 수 있게 되었습니다. 또한 가볍고 많은 화물을 실을 수 있는 '플라이트선fluyt船'을 개발하여 운송비를 1/3까지 절감합니다. 해상 운송이 폭증하자 선박도 대량으로 건조建造하게 됩니다. 네덜란드의 선박 건조 비용은 영국에 비해 50~60% 저렴했습니다. 이런 이점을 활용하여 네덜란드는 당시 유럽 선박의 반 이상을 소유하며 북방 무역의 70%를 장악했습니다.

청어는 네덜란드를 경제 강국으로 성장하게 만드는 원동력이 되었고 네덜란드 황금시대를 열어주었습니다. 종교적 자유와 해운 산업의 발전은 네덜란드를 무역 강국으로 만들었고 금융 산업 또한 발전시킵니다. 금융은 노동력과 결합하여 기업화되었고 그 결과 세계 최초의 주식회사인 네덜란드 동인도회사VOC*가 탄생합니다. 청어잡이에서 시작된 네덜란드의 부는 자본주의의 싹을 틔우는 씨앗이 됩니다.

---

*   Vereenigde Oost-Indische Compagnie(Dutch East India Company)

허세 끝판왕들의 정상 회담
황금천 들판의 회담

황금천 들판의 회담 | 제임스 베이 시어 | 1774년

1520년 6월 7일, 프랑스 서북부 빌링엄Balinghem에서 허세 끝판왕 두 명이 만나 정상 회담을 합니다. 그들은 바로 프랑스의 '프랑수아 1세'와 영국의 '헨리 8세'입니다. '황금천 들판의 회담The Field of the Cloth of Gold'으로 불리는 이 회담은 역사상 가장 호화로운 정상 회담으로 알려져 있습니다.

프랑수아 1세는 임시 궁전과 텐트를 금실과 금가루로 꾸미고, 하인들에게도 금색 옷을 입혔습니다. 헨리 8세의 허세는 더 대단했습니다. 들판에 금박을 입힌 천으로 건물 2,800채를 만들었고, 연회장으로 쓸 146평짜리 천막도 세웠습니다. 국왕 수행원은 4,500명, 왕비 수행원은 1,200명에 달했습니다. 헨리 8세가 타는 말을 치장하는 데에는 진주 1,100개와 56kg의 금이 들어갔다고 합니다. 그들에게 부는 어떤 의미였을까요?

05

유럽이 반한
인도의 모슬린

모슬린의 몰락과 산업혁명

우아한 미소가 손에 쥔 꽃보다 아름다운 여인이 있습니다. 얇은 천으로 만든 원피스에 금색 리본으로 포인트를 주었네요. 화려한 장신구는 없지만 단아하고 우아한 매력을 뽐내는 이 여인은 누구일까요? 바로 프랑스의 왕비 마리 앙투아네트Marie Antoinette입니다.

이 초상화는 당대 최고의 초상화가로 평가받는 프랑스 화가 '엘리자베스 비제 르 브룅'이 그렸습니다. 앙투아네트는의 마음을 사로잡은 그녀는 왕비의 전속 화가로 임명되었다고 합니다.

앙투아네트는 요즘으로 치면 '셀럽'이었기 때문에 그녀가 입은 옷은 전 유럽에 유행했습니다. 그림 속 그녀가 입은 옷은 가볍고 활동성이 좋은 모슬린으로 만든 것입니다. 마리 앙투아네트를 비롯해 유럽인의 마음을 사로잡은 모슬린 드레스는 어떻게 만들어진 것일까요? 그 비밀을 찾아 인도로 여행을 떠나보겠습니다.

모슬린을 입은 마리 앙투아네트
엘리자베스 비제 르 브룅 | 1783년

모슬린에 반한 유럽

앞서 본 그림에서 마리 앙투아네트가 입은 드레스는 '면직물의 왕국' 인도에서 건너온 모슬린으로 만든 것입니다. 고대부터 인도인은 인더스 강변에서 재배하는 목화실로 면직물을 짰고, 이는 동서 무역로를 따라 중동과 유럽으로 전파되었습니다. 면직물의 왕국이라는 별칭에 걸맞게 인도의 면직물은 오랜 역사와 기술이 결합되어 질도 최상급이었습니다.

무겁고 칙칙한 모직옷을 입던 영국인은 가볍고 화려한 인도산 모슬린에 반했습니다. 모슬린은 영국 왕실에서 의복으로 사용될 정도로 인기를 얻었고 이후 영국은 동인도회사를 통해 많은 인도산 면직물을 수입하게 되었습니다.

모슬린이 바꾼 무역 구조

모슬린의 선풍적인 인기는 무역 구조를 바꾸었습니다. 17세기 네덜란드와 영국의 동인도회사는 향신료 패권 전쟁을 벌였으나 인도산 모슬린의 대유행으로 면화가 향신료를 제치고 최고의 무역 상품으로 등극합니다.

인도에서 막대한 면직물을 수입한 영국 동인도회사는 많은 대금을 인도에 지불해야 했습니다. 당시 영국은 청나라에서도 차, 비단을 수입하고 있었습니다. 하지만 수출할 상품은 없어서 은으로 지불했습니다. 이러한 무역 불균형으로 은이 부족해진 영국은 이를 영국-인도-청나라 간의 삼각무역*으로 해결하고자 합니다.

산업혁명과 인도 면직물의 몰락

인도 면직물 대량 수입으로 영국 모직 산업은 위기를 맞습니다. 영국은 무역 적자로 부족해진 은과 자국 모직 산업을 보호하기 위한 조치를 시행합니다. 인도산 면직물에 높은 관세를 물리거나 수입을 금지했습니다. 또 영국 의회는 오직 국내에서 방직한 면직물만 판매해야 한다고 선포하기도 했습니다.

영국의 조치는 이러한 보호 무역에만 그치지 않았습니다. 인도의 숙달된 방직공들의 손목이나 엄지손가락을 자르는 등 가혹한 탄압을 자행하며 면직물 생산을 막았습니다.

영국은 이후 산업혁명 시기에 방적기와 방직기를 개발하여 자국 내 면직물 생산을 극대화하였습니다. 산업화로 영국의 생산 비용이 인도보다 훨씬 낮아져 1780년대 1필에

---

*   p.142 참고.

면화를 운반하는 인도 짐꾼의 행렬 | 윌리엄 심슨 | 1862년

116실링**이던 모슬린을 50년 후에는 28실링에 살 수 있었
습니다.

결국 경쟁력을 잃은 인도는 모슬린 대신 원료인 목화만을
납품하게 됩니다. 위의 그림 〈면화를 운반하는 인도 짐꾼의
행렬〉을 통해 면직물 강국에서 원재료 납품국으로 전락한

** 영국의 구화폐 단위.

인도의 모습을 볼 수 있습니다.

영국은 자동화로 생산 물량이 많아지자 면직물을 인도에 강제로 수출합니다. 인도는 강제로 떠안은 면직물 대금을 지불해야 했고, 거기다 면직물 수출길도 막혀 인도의 경제 상황은 극도로 나빠집니다. 이로써 천년왕국 인도의 면직물 산업은 몰락하게 됩니다. '신사의 나라' 영국의 부유함은 이렇듯 식민지를 착취한 결과물이었습니다.

06

신사는 마약왕

아편전쟁과 난징조약

엄청난 규모의 창고에 물건이 빼곡히 차 있네요. 동그란 모양의 짐이 정리가 매우 잘 되어 있습니다. 사다리를 이용해 높은 곳에서 작업하는 인부들의 모습도 보이네요.

이 작품은 인도 파트나시Patna에 있는 아편 창고의 모습을 석판화로 구현한 그림입니다. 그렇습니다. 창고에 보관된 물건은 바로 '아편'입니다. 당시 인도에서 수확된 아편은 그림에서 보이듯 둥근 모양으로 만들었습니다. 한 덩이의 무게가 900g에 달했다고 합니다. 이 창고에만 아편 30만 덩이가 보관되었다고 하니, 당시 얼마나 많은 양의 아편이 생산되었는지 짐작조차 되지 않습니다.

도대체 왜 이렇게 많은 양의 아편이 필요했던 것일까요? 그리고 누가 제조한 것일까요? 이 아편의 주인은 바로 '신사의 나라'라는 별칭을 가진 '영국'이었습니다. 지금부터 영국과 아편에 관한 이야기를 시작하겠습니다.

THE STACKING ROOM,
OPIUM FACTORY AT PATNA, INDIA

인도의 아편 창고 | W. S. 셔윌 | 1850년

무역 적자에 빠진 영국

18세기 말부터 영국은 모직을 청나라에 수출하고 비단, 차茶, 도자기 등을 수입했습니다. 당시 청나라의 차는 유럽에서 큰 인기를 끌었고 영국인들은 특히 홍차紅茶를 좋아했습니다. 청나라와의 무역 독점권을 가지고 있던 영국 동인도회사는 중국산 차를 활발히 들여왔습니다. 하지만 자국의 모직은 청나라에서는 수요가 없었습니다. 이렇듯 영국의 일방적 수입으로 영국은 은이 고갈되는 상황을 맞게 되었습니다.

영국-인도-청나라 삼각무역

청나라에 대한 무역 적자가 심해진 영국은 해결 방안으로 동인도회사를 통한 삼각무역을 시행합니다. 동인도회사는 근대 기업의 시초라고 할 수 있는데요. 그들의 목표는 식민지와 아시아에서 많은 부를 창출하는 것이었습니다.

영국이 무역 적자의 해결 방안으로 고안한 삼각무역의 핵심에는 '아편'이 있었습니다. 인도에 면직물을 수출하고 인도를 통해 아편을 재배해 청나라로 수출을 하는 것이 영국의 계획이었습니다. 영국의 식민지였던 인도는 영국으로부터 면직물을 강제로 수입하고, 아편을 강제로 재배하여 청

난징조약 | 존 플랫 | 1846년

나라로 수출하게 된 것입니다. 청나라가 아편을 대량 밀수
하면서 막대한 은이 영국 동인도회사로 들어오게 되었습니
다. 이러한 삼각무역을 통해 영국은 엄청난 부를 얻었지만,
인도는 영국에 부를 끊임없이 공급하는 처지로 몰락하게 됩
니다.

아편전쟁과 난징조약

한편 마약이 유입된 청나라의 상황은 어땠을까요?
처참함 그 자체였습니다. 남녀노소를 가리지 않고 많은 사
람들이 아편중독에 빠져 사회는 급속히 타락했고, 아편 대

금으로 은이 대량으로 유출되어 경제 상황도 나빠졌습니다. 아편으로 나라가 피폐해지자 청나라에서는 아편 수입을 금지하지만 실패로 끝나자 황제는 1838년 임칙서林則徐를 광저우에 파견합니다. 임칙서는 아편 밀수를 단속하고 몰수하여 불에 태웠으며 영국 상인을 추방하는 등 강경하게 대응하였습니다.

아편으로 부의 단맛에 빠진 영국이 가만있을 리 없었습니다. 1840년 영국은 청나라에 군대를 파견하여 전쟁을 벌입니다. 이 전쟁이 아편전쟁Opium Wars입니다. 해군의 압도적인 힘으로 아편전쟁은 영국의 일방적인 승리로 끝나고 청나라는 굴욕적인 난징조약南京條約을 체결합니다. 이 조약으로 청나라는 홍콩을 영국에 넘기게 되었고 상하이, 광저우 등 5개 항구를 강제로 개항합니다. 아편전쟁 이후 청나라는 난징조약으로 톈진, 상하이에 조계租界*를 허용하면서 서구 열강의 반식민지로 전락하며 멸망해 갑니다.

---

* 조계(租界): 개항 도시의 외국인 거주지로, 이곳에서는 외국인이 자유롭게 치외법권을 누릴 수 있다.

아편굴에서 아편을 피우는 청나라인 | 토마스 알롬 | 1858년

청나라에 유입된 아편은 황실까지 침투하게 되었고

청나라의 마지막 황제 선통제의 아내 완용황후는

아편 중독으로 비참하게 생을 마감합니다.

무역 적자를 메우기 위한 영국의 이기심은

한 나라와 그 백성들에게 씻을 수 없는 상처를 남겼습니다.

이쯤되면 영국을 '신사의 나라'가 아니라

'마약왕'이라고 불러야 하지 않을까요?

07
유럽의 화가들,
일본에 열광하다

고흐가 열광한 자포니즘

성난 파도가 엄청난 기세로 배를 덮치고 있습니다. 마치 야수의 발톱이 연상되는 모양새네요. 자연의 힘에 압도당한 사람들은 배에 납작 엎드려 파도가 잔잔해지기를 기다리고 있습니다.

이 그림은 일본 에도 시대의 화가 '가쓰시카 호쿠사이'의 작품입니다. 호쿠사이는 우키요에浮世繪의 황금기를 열었다는 평가를 받는 화가입니다. 우키요에란 일본 무로마치 시대부터 에도 시대까지 서민들 사이에서 유행했던 풍속화를 뜻하는 용어입니다.

우키요에는 미술사적으로도 의의가 대단히 큽니다. 우리가 잘 아는 고흐, 모네, 드가 등 인상주의 화가들도 일본의 우키요에의 매력에 푹 빠져 미술사에 큰 영향을 미쳤지요. 일본을 세계사에 등장시킨 우키요에에 얽힌 이야기, 지금부터 살펴봅시다.

146

가나가와 해변의 높은 파도 아래 | 가쓰시카 호쿠사이 | 1831년

유럽을 사로잡은 우키요에

대항해 시대에 이루어진 바닷길 개척은 전 세계를 빠르게 근대화시켰습니다. 아시아의 변방이었던 일본은 네덜란드와의 교류로 세계화의 중심에 우뚝 서게 됩니다. 그 계기는 만국박람회였습니다. 당시 만국박람회는 최신 과학 기술을 발표하는 하는 경쟁의 장이었습니다.

1885년 파리 만국박람회는 프랑스 혁명 100주년을 기념해 열렸습니다. 이때 일본이 선보인 상품은 도자기였습니다. 여기서 상상하지도 못한 일이 발생합니다. 도자기를 보호하기 위해 포장했던 포장지가 엉뚱하게도 유럽인들의 마음을 사로잡은 것이죠. 그 포장지에 그려진 그림이 바로 '우키요에'입니다.

일본어로 '우키요浮世'는 속세, '에繪'는 그림을 뜻합니다. 쉽게 풍속화라고 보면 되겠습니다. 우키요에는 일본 무로마치 시대부터 에도 시대까지 사람들의 일상생활이나 풍경, 풍물 등을 주로 다루었습니다. 초기 우키요에는 한 장씩 그렸지만, 점차 수요가 증가하면서 판화로 발전했습니다.

고흐가 열광한 자포니즘

19세기 중후반 유럽에서 일본풍 문화 예술을 즐기

탕기 영감의 초상 | 빈센트 반 고흐 | 1887년

던 현상을 자포니즘Japonisme이라고 하는데, 우리가 잘 알고 있는 인상파도 자포니즘의 영향을 많이 받았습니다.

당시 유럽 미술은 정밀 묘사와 명암법을 활용한 작품들이 다수였는데, 우키요에의 화려한 색감과 단순한 선이 유럽의 화가들에게 강렬하게 다가왔습니다.

우키요에를 접한 유럽 화가들은 우키요에를 모방하기 시작했습니다. 자포니즘에 특히 더 열광한 화가가 있었는데요, 우리가 잘 아는 후기 인상파 화가 빈센트 반 고흐Vincent Van Gogh입니다. 네덜란드에서 활동하던 시절의 고흐는 무겁고 우울한 그림을 그리는 평범한 화가였으나, 자포니즘을 적극 수용한 후에는 밝은 색채와 역동적인 느낌의 그림을 그리게 됩니다. 〈탕기 영감의 초상〉 배경에 보이는 일본풍의 배경을 통해 고흐가 얼마나 일본을 동경했는지 짐작할 수 있습니다. 고흐 외에도 모네, 마네, 고갱, 르누아르 등도 자포니즘의 영향을 받았습니다. 이렇듯 우키요에의 화풍은 인상파를 비롯해 아르누보Art Nouveau, 드뷔시 등의 인상주의 음악가에게도 영감을 주었습니다.

아시아 변방에서 세계의 중심으로

이와미 광산에서 생산한 우수한 품질의 은과 자포니즘으로 무장한 일본의 문화는 네덜란드의 무역선을 통해 유럽과 전 세계로 배달됩니다. 앞서 본 호쿠사이 그림 속의 배가 일본의 발전 의지를 보여줍니다. 이렇듯 유럽을 뜨겁게 달군 자포니즘의 영향으로 일본은 단숨에 아시아 변방에서 세계의 중심 국가로 발돋움합니다.

자화상 | 빈센트 반 고흐 | 1889년

"미디 지방에 머무르면 돈은 더 많이 들지만, 봐라.

사람들이 일본 미술을 좋아하고, 그 영향을 받지 않았니.

모든 인상파 화가들이 하나같이 일본 미술의 영향을 받는다." *

_고흐가 동생 테오에게 보낸 편지의 일부

* 《빈센트가 그린 반고흐》, 파스칼 보나푸, 이희정 역, 눌와, p.190

08

기술을 천시한
조선의 비극

일본으로 건너간 조선의 단천연은법

오른쪽 그림을 봅시다. 두 남자가 관리로 보이는 사람에게 무언가 중요한 이야기를 하는 듯합니다. 주변의 다른 관가 사람들도 그들의 이야기를 경청하는 것 같네요. 이들은 무슨 이야기를 하는 것일까요?

그림 속 두 명의 남자는 함경도 단천의 기술자 '김감불'과 '김검동' 으로, 1503년 관가를 찾아갑니다. 이들은 납광석에서 은을 분리하는 '연은분리법鉛銀分離法'을 개발한 기술자들이었습니다. 이들이 개발한 이 기술은 유럽이나 중국보다 뛰어난 은 제련 기술이었습니다. 하지만 이 뛰어난 기술은 조선에서 인정을 받지 못하고 다른 나라로 전수됩니다. 그 기술을 전수받은 나라는 세계 무역사에서 중심 국가로 도약하게 되었지요. 연은분리법에 얽힌 안타까운 우리 역사를 지금부터 살펴보겠습니다.

관가에 신고하는 모습 | 작자미상 | 연도 미상

조선의 첨단 기술, 단천연은법

연산군 9년, 부를 낳는 신기술이 등장합니다.

> 양인(良人) 김감불(金甘佛)과 장례원(掌隷院) 종 김검동(金儉同)이, 납(鉛鐵)으로 은(銀)을 불리어 바치며 아뢰기를, "납 한 근으로 은 두 돈을 불릴 수 있는데, 납은 우리 나라에서 나는 것이니, 은을 넉넉히 쓸 수 있게 되었습니다. 불리는 법은 무쇠 화로나 남비 안에 매운재를 둘러 놓고 납을 조각조각 끊어서 그 안에 채운 다음 깨어진 질그릇으로 사방을 덮고, 숯을 위아래로 피워 녹입니다."
>
> _〈연산군 일기 - 연산 9년 5월 18일〉

　조선의 두 기술자가 개발한 것은 '단천연은법端川鍊銀法'으로, 은광석에 들어 있는 납 등의 불순물을 끓는점 차이를 이용해 순수한 은만 추출하는 제련 기술입니다. 명나라의 학자 송응성宋應星이 1637년에 저술한 《천공개물天工開物》에 단천연은법과 거의 흡사한 기술이 소개되어 있는데, 이를 보면 조선의 기술이 중국까지 전파되었다고 추정할 수 있습니다. 단천연은법은 동서양을 넘어 당시 세계 최고 제련 기술이었습니다.

적폐 대상이 된 단천연은법

단천은 은 매장량이 매우 풍부한 곳이었습니다. 대항해 시대는 은이 곧 부를 상징하는 것이었고 조선에서도 단천 은광 덕분에 부를 축적한 사람들이 많았습니다. 또한 단천 은광은 당시 명나라와의 무역에도 큰 기여를 합니다.

하지만 조선의 신기술 단천연은법은 중종반정으로 연산군이 폐위되자 적폐 대상으로 몰리게 됩니다. 중종은 즉위하자마자 연산군 지우기에 나섭니다. 적폐 청산과 사치풍조 척결을 내세워 은광 개발을 금지시킵니다. 그렇게 선진 기술인 단천연은법은 빛을 잃고 맙니다.

일본에서 꽃피운 단천연은법

조선에서 탄압받은 신기술의 운명은 어떻게 되었을까요. 기술을 천시하자 조선의 기술자들은 바다를 건너 일본으로 넘어갑니다. 그와 관련된 기록이 남아있습니다.

이와미 은광의 기록을 모은 《긴잔규키銀山舊記》에는 '경수'와 '종단'이라는 조선 기술자들이 연은분리법을 전수했다는 내용이 담겨 있습니다.

또한 〈중종실록〉에는 왕이 연철로 만드는 기술을 전파한 유서종柳緒宗 일가를 철저히 조사하도록 명령했다는 기록도

나가사키 항구 | 가와하라 게이가 | 1825년

있습니다. 이를 통해 일본이 조선의 기술자를 초청해 연은 분리법을 습득한 것을 알 수 있습니다.

조선에서 천대 받은 첨단 기술 단천연은법은 일본에서 부의 꽃을 활짝 피웁니다. 기술을 습득한 일본은 16~18세기 세계 은 생산량의 3분의 1을 생산합니다. 생산한 은銀은 대항해 시대에 네덜란드를 통해 세계로 유통됩니다. 당시 거래 수단이었던 은을 매개로 일본은 중세부터 근세까지 이어지는 세계 무역사에 한 축을 담당하며 패권 국가로 성장합니다. 기술을 천시한 결과가 조선이 아닌 일본을 세계 중심으로 자리 잡게 만든 것입니다.

카사노바와 로또(Lotto)
복권의 역사

좋은 꿈을 꾸면 '이것'을 사야 한다고 많이들 말하죠? 네, 맞습니다. '복권'입니다. 일확천금을 얻을 수 있는 복권. 그 역사는 언제부터 시작되었을까요?

복권의 기원은 고대 로마에 있습니다. 초대 로마 황제 '아우구스투스Augustus'는 로마 화재 후 복구 자금을 마련하기 위하여 복권을 발행했습니다. 이후 1530년 이탈리아 피렌체에서 공공사업을 위해 복권을 발행하는데요. 이때 발행한 복권의 이름이 '로또Lotto'였습니다. Lotto는 이탈리어 '행운'에서 유래되었습니다. 이 피렌체의 로또는 번호 추첨식 복권으로 현대 복권의 시초가 됩니다.

피렌체에서 시작된 로또를 유럽 전역으로 확산시킨 사람이 바로 '자코모 카사노바Giacomo Casanova'인데요. 카사노바는 당시 프랑스 재정을 파탄에 이르게 한 '루이 15세'에게 복권을 소개했습니다. 카사노바는 복권 사업 책임자로 임명된 후 파리에 60만 프랑의 이익을 안겨주었고, 개인 복권 사업소를 운영하여 1만 프랑의 소득을 올리기도 하였습니다. 복권 사업 성공으로 카사노바는 네덜란드에 특사로 파견되어 프랑스 채권 판매 협상을 성공적으로 체결합니다.

바람둥이로 알려진 카사노바. 어쩌면 그를 복권 전도사로 불러야 할지도 모르겠습니다.

교황 레오 10세와 두 추기경의 초상 | 라파엘로 산치오 | 1518년

자본의 힘은 종교와 정치를 넘어

마침내 부의 르네상스 시대를 열었습니다.

PART 4

자본의 탄생

부富의 르네상스

01

교황과 황제의
막장 드라마

카노사의 굴욕

한 남자가 맨발로 성문 앞에 서 있습니다. 문을 지키는 병사들은 그를 지켜보며 수근거립니다. 성 안에는 교황으로 보이는 사람이 남자를 손으로 가리키고 있네요. 무슨 일일까요?

이 작품은 '카노사의 굴욕'으로 불리는 사건을 표현한 그림입니다. 1077년 신성 로마 제국의 황제 하인리히 4세는 자신을 파문한 교황 그레고리오 7세를 만나기 위해 '카노사 성Canossa Castle'으로 갔습니다. 하지만 교황은 그를 만나주지 않았습니다. 하인리히 4세는 금식을 하며 고해복을 입고 맨발로 교황을 기다렸습니다.

왜 하인리히 4세는 교황에게 용서를 구해야 했을까요? 또 이 사건은 중세 역사에 어떤 영향을 미치게 되었을까요?

카노사의 하인리히 | 에두아르드 슈바이저 | 1852년

서임권 행사의 주체

중세 초기 봉건 체제가 정착하는 과정에서 교회는 황제 및 귀족 후견인의 기부를 받으며 긴밀한 관계를 맺었습니다. 그 대가로 황제가 서임권*을 행사하게 되었고 이는 관행으로 굳어졌습니다.

10세기에는 서임식 때 황제가 주교에게 지팡이를 하사했고, 11세기에는 반지를 주었습니다. 서임식을 통해서도 세속 권력과 교회 권력이 황제에게 있음을 알 수 있습니다.

교황과 황제의 서임권 투쟁

1073년 그레고리오 7세가 교황으로 즉위합니다. 그는 교회 부패와 타락의 근본 원인이 황제의 성직자 서임권 행사라고 판단했습니다. 그래서 그동안 황제가 관행적으로 행사하던 서임권을 되찾으려고 했습니다. 서임권을 둘러싼 투쟁은 밀라노 대주교 임명을 놓고 본격적으로 표면화되었습니다. 밀라노 교구는 로마 다음으로 중요한 교구였기 때문에 그레고리오 교황은 황제 하인리히 4세에게 밀라노 대주교 임명에 간섭하지 말라는 서한을 보냅니다. 당연히 황제는 교황의 요구를 거부하고 밀라노 주교 임명을 강행합

---

* 　서임권(敍任權): 대주교, 주교, 수도원장 등 성직을 임명하는 권리를 뜻한다.

니다. 급기야 하인리히 4세는 1076년 1월 보름스Worms에서 종교 회의를 열고 교황을 폐위시켜 버립니다. 교황은 사순 시기** 종교 회의에서 하인리히 4세를 파문시키는 것으로 응수합니다. 교황은 더 나아가 황제에 대한 충성과 복종 의무를 해제하고 황제를 지지하는 귀족이나 사제도 파문하겠다고 경고했습니다.

카노사의 굴욕

교황이 황제를 파문하는 전대미문의 조치에도 하인리히 4세는 교황을 무시합니다. 그러나 상황은 황제에게 불리하게 돌아갔습니다. 귀족들은 그동안 마음에 들지 않던 왕의 중앙집권적인 통치에서 벗어나고자 교황의 파문을 구실로 삼아 반란을 일으켰습니다.

귀족들은 1077년 2월 아우크스부르크Augsburg에서 교황이 주재하는 회의에서 하인리히 4세의 황제로서의 자격과 이후 거취를 논하기로 하고, 이를 하인리히 4세에게 통보하였습니다. 입지가 좁아진 하인리히 4세는 결국 교황에게 굴복할 수밖에 없었습니다. 그는 교황에게 용서를 구하기 위

** 사순 시기(四旬時期): 사순절이라고도 하며 예수 그리스도의 죽음을 묵상하며 부활 대축일을 준비하는 40일을 뜻하는 말이다.

비타 마틸디스 | 돈지오 | 1110년경

해 이탈리아로 향했습니다. 당시 교황은 아우구스부르크로 가던 중 카노사 성에 머무르고 있었습니다.

1077년 1월 25일, 하인리히 4세가 카노사 성 앞에 나타납니다. 그는 추운 겨울에 맨발로 서서 교황에게 3일 동안 용서를 빌었습니다. 그러는 사이 토스카나의 영주 마틸다Mathida와 클뤼니 수도원의 수도원장 위그Hugh가 교황의 입장에서 황제와 협상을 벌입니다. 협상을 벌인 이유는 복수 때문이었습니다. 하인리히 3세가 토스카나 침략 후 영주인 마틸다와 그녀의 어머니가 굴욕적인 포로 생활을 했기 때문입니다.

그림 〈비타 마틸디스Vita Mathildis〉는 당시 상황을 묘사한 작품입니다. 당시 교황 그레고리오 7세는 마틸다가 세운 교황이었고 마틸다의 명령에 따라 교황은 떠밀리듯이 용서를 하고 하인리히 4세의 파문을 철회하였습니다. 그녀의 복수 프로젝트가 성공한 순간입니다. 하지만 이는 훗날 복수의 화살이 되어 되돌아옵니다.

하인리히 4세의 복수혈전

교황이 하인리히 4세에 대한 파문을 철회하자 황제에게 반기를 든 제후들의 명분이 사라지고 맙니다. 굴욕

GREGORIO · VII · PONT · MAX · MATHILDIS
FOEMINA · PRÆCLARISSIMA
PATRIMONIVM · SVVM · IN · TVSCIA · ET
LOMBARDIA · APOSTOLICÆ · SEDI · DONAT

하인리히 4세의 참회를 받아들이는 교황 그레고리오 7세 | 작자 미상 | 연도 미상

을 겪은 하인리히 4세는 군대를 모아 독일 제후들을 제압하고 독일에서 권력을 장악합니다. 그리고 그는 마침내 복수를 위해 이탈리아로 원정을 떠납니다. 1084년, 하인리히 4세는 카노사의 성주 마틸다를 패퇴시키고, 로마를 탈환하여 교황을 폐위시키며 복수에 성공합니다. 폐위되어 로마를 떠난 교황은 이듬해 쓸쓸히 망명지에서 객사합니다.

카노사의 굴욕은 교황의 권력이 황제보다 우위에 서게 된 전환점에 벌어진 사건으로, 교황 권력의 부흥과 중세 유럽의 부의 헤게모니를 연 새로운 시대의 상징이 되었습니다.

또한 카노사의 굴욕은 자본의 지도를 바꾸어 놓습니다. 밀라노, 피렌체, 피사, 베네치아 등이 도시 공화국으로 성장하여 무역을 통해 자본을 쌓기 시작합니다. 특히 피렌체는 13세기 무역으로 축적한 자본을 토대로 금융 산업을 발전시키며 자본주의를 꽃피웠습니다.

02

신의 이름으로
나아가다

십자군 전쟁의 비밀

중앙 단상 위에 성직자가 십자가를 들고 있습니다. 그를 중심으로 수많은 사람들이 광장을 메웠습니다. 무릎을 꿇은 채 절규하는 사람, 간절한 눈빛으로 단상을 바라보는 여인, 싸우는 듯 뒤엉킨 사람들, 엎드려 절하는 사람 등 사람들은 무언가에 흥분한 듯 각자의 감정을 드러내고 있습니다.

이 작품은 인물의 미세한 감정 변화까지 포착해내는 정교함으로 명성을 떨친 이탈리아 화가 '프란체스코 하예즈'의 〈클레르몽 광장에서 연설하는 교황 우르반 2세〉입니다. 이 그림은 클레르몽 광장에서 군중에게 십자군 전쟁의 당위를 설파하는 교황 우르반 2세의 모습을 담은 것인데요. 과연 교황 우르반 2세의 연설은 군중을 설득하는 데 성공했을까요?

클레르몽 광장에서 연설하는 교황 우르반 2세
프란체스코 하예즈 | 1835년

비잔틴 제국의 몰락과 클레르몽 공의회

찬란한 로마 문화의 계승자 비잔틴 제국은 서로마 제국 멸망 후 국방력 강화에 힘을 쏟습니다. 하지만 군대는 권력을 장악하는 데 악용되고 유스티니아누스Justinianus I 황제 사망 후 혼란에 빠집니다. 이러한 비잔틴 제국의 혼란을 틈타 1095년 셀주크 튀르크Seljuk Türk는 아나톨리아Anatolia*를 침공했습니다. 비잔틴 제국의 황제 알렉시우스 1세는 교황 우르반 2세에게 군사 지원을 요청합니다. 교황은 이 사안을 클레르몽 공의회Council of Clermont**에서 논의하여 비잔틴 제국을 돕기 위한 십자군 원정을 결정합니다.

십자군 원정은 '신의 뜻'

1095년 11월 대성당 앞, 여러 지역에서 귀족, 성직자, 시민들이 모여들자 교황은 연단 위에서 연설을 시작합니다. 교황은 이슬람의 공격으로 위험에 처한 비잔틴 제국을 구하고 이슬람에 정복당한 성지를 해방시키기 위해 십자군 원정이 필요하다고 외쳤습니다. 십자군에 영혼을 바치면

---

* 아나톨리아(Anatolia): 오늘날 터키 영토에 해당하는 반도로 고대에는 '소아시아'라고 하였다.
** 클레르몽 공의회(Council of Clermont): 프랑스 클레르몽에서 열린 종교 회의로, 1095년부터 1130년까지 총 7회 열렸다.

1099년 7월 15일 예루살렘을 탈환한 십자군 | 에밀 시뇰 | 1847년

모든 죄를 사함받아 천국에 갈 것이라고 선동했습니다. 또
'살인하지 말라'는 교리는 이교도와의 싸움에는 적용되지
않는다고 말하며 십자군 원정이 '신의 뜻 Deus Le Volt'임을 주
장했습니다. 이러한 교황의 연설에 사람들은 열광적으로 호
응하고 동참했습니다.

1096년, 마침내 역사적인 '십자군 원정'이 시작되었습니

다. 그런데 십자군Crusades이라는 이름은 어떻게 생겨난 것일까요? 에밀 시뇰Emile Signol의 그림을 보면 당시 군사들이 천으로 적색 십자가를 만들어 상의에 붙인 것을 알 수 있습니다. 네, 그렇습니다. 바로 이 표식에서 십자군이라는 명칭이 나온 것입니다. 아무튼 이렇게 시작된 전쟁은 1096년부터 무려 200년간 이어졌습니다. 세계사에 엄청난 영향을 미친 이 십자군 전쟁은 과연 그리스도교의 성지 회복을 위한 전쟁이었을까요?

십자군 원정의 추악한 진실

십자군 전쟁은 그리스도교의 성지인 예루살렘을 되찾고 성지 순례의 자유를 회복하여 신앙을 지킨다는 명목으로 시작되었습니다. 하지만 전쟁에 참여한 이들은 저마다의 목적이 있었습니다.

교황의 목적은 동서로 갈라진 교회를 로마 교회 중심으로 통합시키고, 세속 군주들과의 권력 다툼에서 우위를 점하는 데 있었습니다.

클레르몽 공의회에서 교황은 '순교', '면죄부', '구원' 등의 자극적인 언어로 십자군 원정을 선동했는데 이는 돈 때문이었습니다. 교회는 십자군 원정에 참여한 사람들의 재산과 토지를 위탁 관리한다는 명목으로 그들의 재산을 활용했습니다. 만약 원정을 떠난 사람이 목숨을 잃는다면 그 재산은 고스란히 교회의 것이 되었습니다. 이처럼 교회는 십자군 원정을 통해서 교황과 교회의 권위를 다시 세웠고 막대한 부도 축적했습니다.

그렇다면 십자군에 나서는 영주와 기사들은 어떠했을까요? 정말 그들의 목적은 진정한 신앙 회복에 있었을까요? 아닙니다. 그들 역시 돈 때문에 십자군 원정에 동참했습니다. 영주와 기사들은 십자군 원정으로 새로운 영지를 획득하고자 했습니다. 당시 비잔틴 제국은 동서양의 집결지로 상업을 통해 부를 창출할 수 있는 기회의 땅이기도 했기 때문입니다.

03

피의 숙청,
13일의 금요일

아비뇽 유수와 성전 기사단

오른쪽 그림을 봅시다. 지도로 보이는 그림 상단에 적힌 'ROMA'라는 표기로 이곳이 로마임을 알 수 있습니다. 지도 가운데는 검은색 옷을 입고 앉아 있는 여인이 보이는데요. 이 그림은 무엇을 의미하는 것일까요?

이 작품은 〈로마시의 우화지도〉로 아비뇽 교황 시대에 로마를 과부로 의인화한 모습을 표현했습니다. 십자군 전쟁의 잇단 실패로 1309년부터 1377년까지 7대에 걸쳐 교황은 바티칸에서 아비뇽으로 쫓겨나서 지내게 됩니다. 이 사건을 '아비뇽 유수Avignonese Captivity'라고 부릅니다. '유수'는 '잡아 가둔다'는 뜻으로, 이 사건은 교황의 권위가 몰락했음을 보여주는 충격적인 사건입니다. 그렇다면 아비뇽 유수는 부의 역사에 어떤 영향을 주었을까요? 지금부터 살펴봅시다.

로마시 우화 지도 | 작자 미상 | 연도 미상

십자군 전쟁과 성전 기사단

앞서 보았듯 십자군 전쟁의 목적은 예루살렘을 되찾는 것만이 아니었습니다. 교회, 성직자, 영주들은 각자 다른 명분과 이유로 전쟁에 참여했습니다.

1차 십자군 원정 후 예루살렘 왕국을 세웠으나 이슬람과의 공방이 지속되어 십자군은 계속 파견되었습니다. 원정 때마다 많은 기사단이 설립되었는데 그중 가장 중요한 기사단이 '성전 기사단Knights Templars'입니다. 십자군 원정이 길어짐에 따라 영주들의 재산을 관리해줄 위탁 관리인이 필요했는데 성전 기사단이 그 역할을 담당했습니다. 또한 성전 기사단은 유럽 각지와 예루살렘 곳곳에 지부를 만들어 성지 순례를 떠나는 이들의 환전 문제를 해결해주었습니다.

교황의 완벽한 선물, 면세권

당시 교황 인노첸시오 2세는 성전 기사단에게 세금 의무를 면제하는 특혜를 제공합니다. 성전 기사단은 교황이 제공한 면세권으로 막대한 부를 쌓을 수 있었습니다.

하지만 교회와 성전 기사단과는 달리 십자군 원정이 길어질수록 영주들은 오히려 빚이 늘어났습니다. 영주들은 교회가 자신들이 위탁한 토지와 재산으로 고리대금업을 해서 부를 쌓고 있다고 의심하기 시작합니다.

교황의 몰락, 아비뇽 유수

서임권을 둘러싼 교황과 왕의 1차 전쟁이었던 '카노사의 굴욕' 이후 프랑스 필리프 4세는 왕권을 강화합니다. 필리스 4세는 교황과 성전 기사단이 십자군 전쟁을 이용해 부를 쌓는 것을 알게 되었고, 성직자에 대한 면세 특권을 거두었습니다. 교회와 성직자들은 반발했고, 교황 보니파시오 8세는 왕이 교회에 과세하는 것을 금지하는 칙령을 발포하여 대응합니다. 분노한 필리프 4세는 교회에 공급되는 돈을 완전히 차단시킵니다. 당시 교황청의 가장 큰 수입원이 프랑스 교회였기 때문에 교황의 타격은 꽤 컸습니다.

필리프 4세는 여기서 그치지 않고 보니파시오 8세가 머물던 아나니Anagni의 별장을 습격해 교황을 감금하는 이른바 '아나니 사건'을 일으킵니다. 3일 후 교황은 주민에게 구출되어 로마로 돌아왔지만, 충격으로 얼마 지나지 않아 사망합니다. 이후 교황에 즉위한 클레멘스 5세를 시작으로 70년간 교황들은 프랑스 아비뇽Avignon에서 지내게 되는데 이 시기를 '아비뇽 유수'라고 합니다. 이 사건으로 교황의 권력은 급격히 쇠퇴했습니다.

성전 기사단의 최후와 13일의 금요일

필리프 4세는 교황 클레멘스 5세를 조종해 교황권 우위의 칙령을 철회하고 왕권을 강화합니다. 이제 남은 것은 순례자 보호를 위해 프랑스 귀족이 주축이 되어 만든 성전 기사단의 해체였습니다. 성전 기사단이 프랑스 곳곳에 토지를 소유하고 교황과 함께 엄청난 부를 축적했기 때문입니다. 1307년 10월 13일 금요일, 필리프 4세는 악마 숭배를 명분으로 성전 기사단 체포령을 내렸습니다. 이 과정에서 많은 사람이 고문으로 사망했고, 살아남은 사람들도 후에 화형을 당합니다. '13일의 금요일'이 지금도 흉일로 인식되는 이유가 바로 이 사건 때문입니다.

부의 욕망, 성전 기사단을 해체시키다

당시 프랑스는 성전 기사단과 유대인에게 막대한 빚이 있었습니다. 필리프 4세가 성전 기사단을 해체한 진짜 이유는 자신의 빚을 청산하고 그들의 재산을 빼앗기 위함이었습니다. 필리프 4세는 로마 교황청에 바치던 봉헌금을 금지하고 성전 기사단과 유대인의 재산 몰수하여 막대한 부를 축적합니다. 성전 기사단을 해체한 진짜 이유는 부에 대한 욕망 때문이었습니다.

필리프 4세와 성전 기사단 | 1479~1480년
지오바니 보카치오의 《De casibus virorum illustrium》 삽화

아비뇽 유수와 성전 기사단 해체로

부는 신의 영역에서

인간의 영역으로 이동하게 됩니다.

04
르네상스,
그 찬란한 이름

메디치 가문 이야기

이탈리아 토스카나 지방에 위치한 르네상스의 발상지이자 꽃의 도시로 불리는 피렌체Florence.는 중세의 수많은 문화유산을 간직하고 있어 '이탈리아 예술 수도'라는 별칭도 있습니다. 이곳 피렌체에서 레오나르도 다 빈치, 미켈란젤로, 단테, 보티첼리, 보카치오 등의 사상가와 예술가가 르네상스Renaissance를 꽃피웠습니다.

오른쪽 그림 〈1493년의 피렌체〉는 찬란했던 르네상스 시기의 피렌체 모습을 그린 작품입니다. 피렌체는 르네상스 시대 건축과 예술로 유명한 곳이기도 하지만, 중세 유럽의 무역과 금융의 중심지였습니다. 사실 피렌체가 문화 예술 및 세계 금융의 중심지가 될 수 있었던 것은 '메디치 가문Medici family'의 힘이 컸습니다. 지금부터 르네상스를 탄생시키고 메디치 효과를 만들어낸 르네상스의 수호자 메디치 가문을 만나보겠습니다.

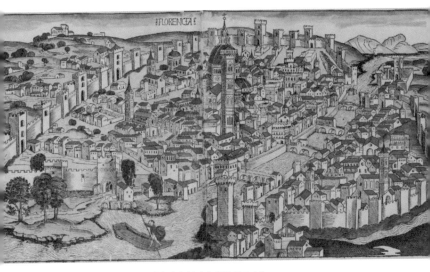

1493년의 피렌체 | 작자 미상 | 연도 미상

메디치, 그 찬란한 이름

르네상스 시대 막대한 권력으로 영향력을 행사한 여러 가문 중 가장 유명한 가문은 메디치가Medici家입니다. 이들은 이탈리아의 투스카니주Tuscany州의 수도 피렌체를 350여 년 통치했고, 3명의 교황과 4명의 프랑스 왕비를 배출했습니다. 프랑스의 철학가 볼테르Votaire는 '그렇게 이름 하나만 가지고 권력을 유지한 가문은 없었다'고 메디치가를 칭송한 바 있습니다. 메디치 가문이 무역과 은행업으로 번 돈으로 예술가들을 후원한 덕분에 피렌체는 르네상스 문화를 꽃피우게 됩니다.

베노초 고촐리Benezzo Gozzoli가 메디치가의 후원을 받아 메디치 궁에 그린 〈동방박사의 행렬〉을 봅시다. 맨 앞의 백마를 탄 사람이 '로렌초 데 메디치Lorenzo de Medici'입니다. 뒤에 빨간 모자를 쓰고 백마를 탄 이가 로렌초의 아버지 '피에로'이고 갈색말을 탄 사람이 로렌초의 조부 '코시모'입니다. 그림 속 끝없이 이어지는 행렬만 보아도 그들의 영향력이 얼마나 막대했는지 알 수 있습니다.

교황청 금고지기가 된 메디치 은행

금융을 장악했던 성전 기사단은 이탈리아에서는

동방박사의 행렬 | 베노초 고촐리 | 1460년경

영향력을 발휘하지 못하고 프랑스와 영국에서 주로 활동했습니다. 십자군 원정으로 베니스가 무역 거점이 되면서 이탈리아는 금융의 중심지가 됩니다.

1400년경 메디치 가문은 별 볼 일 없는 집안이었지만 '지오반니 데 메디치Giovanni di Bicci de' Medici'가 얼마 받지 못한 상속 재산으로 은행업을 키우면서부터 역사에 등장합니다. 지오반니는 25세에 메디치 은행을 인수합니다.

이후 피렌체로 거처를 옮긴 지오반니는 나폴리 귀족과 8년간 거래합니다. 로마에 돈이 넘쳐난다는 것을 안 그는 환전 수수료 마진을 챙기는 데 그치지 않고 교황청 금고를 통째로 관리하는 것을 목표로 삼았습니다.

당시 로마 교황청은 유럽 각지에서 들어오는 헌금으로 막대한 돈을 거머쥐고 있었습니다. 지오반니의 후원을 받은 귀족은 추기경을 거쳐 교황 요한 23세가 됩니다. 지오반니의 친구이자 협력자인 교황 요한 23세는 메디치 은행에 교황청의 막대한 자금을 관리하는 특권을 부여합니다. 이때부터 메디치 은행은 든든한 교황청 자본을 바탕으로 최대 은행으로 부상합니다.

메디치 부의 비밀

앞서 보았듯, 메디치 가문의 부는 교황과의 유착 관계에서 비롯되었습니다. 메디치 은행은 일반인을 고객으로 하지 않고 성직자, 귀족, 상류층을 대상으로 어음 거래를 하여 부를 축적했습니다. 이는 오늘날 상인 은행인 '머천트 뱅크Merchant Bank'의 효시입니다. 교회가 가지고 있던 막대한 자금을 독점적으로 활용한 메디치 가문은 르네상스 시대 부의 지배자로 군림하게 됩니다.

주식 거래가 카페에서 시작되었다고?
조너선 커피하우스 이야기

오늘날 현대인들에게 카페는 삶의 일부라고 해도 과언이 아니겠지요. 그런데 이 카페가 과거에는 주식거래소로 이용되었다는 것을 아시나요?

커피는 17세기 커피하우스(카페)가 생기면서 유럽에서 더욱 인기를 끌었습니다. 커피하우스는 커피를 마시는 장소에서 지식인들의 사교장으로, 이후에는 상인이나 정치인들이 정보를 교환하는 비즈니스의 장이 되었고 나아가 증권, 금융, 복권 등 현대의 비즈니스 모델을 만들어내기에 이르렀습니다.

영국 런던의 커피하우스인 '조너선 커피하우스Jonathan's Coffee-House'에서도 주식 거래가 이루어졌습니다. 당시 런던 왕실 거래소에서 주식을 거래할 수 있었지만, 주식 거래가 활발히 이루어진 곳은 조너선 커피하우스였습니다. 엘리자베스 1세는 소란스럽고 매너가 좋지 못한 주식 중개인들을 거래소에서 쫓아냈는데 쫓겨난 딜러들이 조너선 커피하우스에서 주식 거래를 시작했다고 합니다. 이들은 정보 유출을 막기 위해 칸막이까지 사용해 영업했다고 하네요.

지식인, 상인, 정치인 등 각계각층의 사람들이 모여 여가를 즐기고 비즈니스의 장으로 활용되었던 커피하우스. 이곳이 바로 현대 금융 산업의 르네상스를 만든 진원지였습니다.

05
정치와 종교를 압도한 푸거의 재력

부富의 마술사 야고프 푸거

귀족으로 보이는 한 남자의 초상화가 있습니다. 온건한 표정과 당당한 눈빛은 신뢰를 주기에 충분해 보입니다. 화려하지 않은 무채색 복장이 오히려 인물을 고풍스럽게 보이게 합니다. 눈빛만으로 분위기를 압도하는 이 인물은 독일의 은행가 '야고프 푸거Jakob Fugger'입니다.

이 초상화는 '북유럽의 레오나르도'라고 불린 '알브레히트 뒤러'가 그린 것입니다. 그림 속 푸거는 온화하고 청빈한 모습이지만, 그는 역사상 가장 많은 부를 가진 사람 중 한 명입니다. 왕가의 결혼식 비용을 대줄 정도로 부자였지요. 푸거는 로스차일드, 메디치 가문보다 역사적으로 중요하게 여겨지는 자본가입니다. 종교와 정치를 압도한 16세기 최고의 거부 야고프 푸거를 만나봅시다.

야고프 푸거 초상 | 알브레히트 뒤러 | 1518년

1500년대 유럽 최고의 부자, 야고프 푸거

1459년 독일 아우구스부르크에서 태어난 야고프 푸거는 직물상인으로 시작하여 부의 기반을 마련합니다. 이후 은행과 광산에 투자하여 크게 성공하고 유럽 영주들의 물주 노릇을 하며 전 유럽에 큰 영향을 미칩니다.

앞서 살펴본 '메디치 가문'이 교황과 유착하여 부를 축적했다면, 야고프 푸거 가문은 교황은 물론 신성 로마 제국 황제와도 손을 잡고 거대한 부를 이루었지요. 그들은 메디치 가문보다 10배 이상의 돈을 소유했습니다.

신성 로마 제국의 이권에 기여하여 제국 백작의 작위까지 오르게 된 푸거는 신성 로마 제국의 황제인 막시밀리안 1세Maximilian I와 카를 5세Karl V가 황제 자리에 오르는 데 영향을 주었습니다. 유럽 최고의 부자로 이름을 떨친 야고프 푸거, 그가 이룩한 부의 비밀은 무엇일까요?

황제에게 돈을 빌려주다

13세기부터 20세기 초까지 오스트리아를 거점으로 유럽의 부와 권력을 잡았던 가문이 있습니다. 바로 합스부르크Habsburg 가문입니다. 이들은 신성 로마 제국의 황제 자리를 세습하던 유일한 황실 가문으로 최고의 권위와 영예를 누렸습니다. 하지만 프리드리히 3세Friedrich III 시절 합스부르크 가문에 치욕적인 일이 일어납니다. 당시 합스부르크 가문은 남다른 사치로 엄청난 빚이 있었으며 궁전에 물건을 납품하는 상인들에게도 외상을 할 정도로 재정은 바닥나 있었습니다.

프리드리히 3세는 이러한 난국을 타개하기 위해 소위 '혼테크婚tech'를 계획합니다. 프리드리히 3세는 부르고뉴 지역의 샤를 공의 딸 마리와 자신의 아들 막시밀리안을 결혼시키는 데 성공합니다. 그러나 결혼 비용이 문제였습니다. 사치로 재정이 바닥난 황제에게 아무도 돈을 빌려주려 하지 않았기 때문입니다.

사업적 감각이 뛰어난 푸거는 이 상황을 기회로 판단하고 프리드리히 3세를 전략적으로 지원합니다. 황실의 결혼식 비용 지원은 물론, 결혼식에 참석하는 고관대작에게까지 최고급 옷을 선물했습니다.

프리드리히 3세는 푸거에 대한 감사의 선물로 합스부르크 가문의 문장을 사용할 수 있게 했습니다. 이때부터 황실과 푸거 가문의 관계가 발전되어 이후 푸거 가문은 황실과 귀족들을 도우면서 막대한 이권을 챙기게 됩니다.

씀씀이가 아버지를 빼닮은 아들 막시밀리안은 급전이 필

요할 때마다 푸거의 도움을 받았고, 푸거는 그 대가로 은광, 동광 등의 독점권을 얻게 됩니다. 푸거의 정경유착은 대를 이어 계속됩니다. 막시밀리안 사후에는 그의 손자 카를 5세가 황제에 오르는 것을 도와주었습니다.

종교와 정치를 압도한 자본가

푸거는 투자에 필요한 자본을 마련하는 능력이 탁월했습니다. 그는 교황 레오 10세를 설득해 교회의 고리대금업 금지를 철폐하도록 했습니다. 교황이 푸거에게 돈을 빌리기도 했기 때문에 이를 승인해주었습니다. 푸거의 돈을 필요로 하는 곳은 교회, 귀족을 가리지 않았습니다.

마인츠Mainz의 대주교 자리를 노리던 알브레히트는 악마의 거래를 제안하고 푸거의 도움을 받아 돈으로 대주교 자리를 차지합니다. 푸거는 알브레히트에게 빌려준 돈을 회수하기 위해 교황 레오 10세에게 '면죄부' 판매를 제안합니다. 기발한 아이디어에 교황은 동의하고 푸거와 교황은 면죄부를 판 돈을 나눠 가지며 대출금을 회수합니다.

면죄부 판매에 반발한 마틴 루터Martin Luther는 〈95개조 반박문Anschlag der 95 Thesen〉을 발표하면서 종교 개혁을 촉발합니다. 종교 개혁은 교회가 푸거에게 진 빚을 갚기 위해

교황 레오 10세와 두 추기경의 초상 | 라파엘로 산치오 | 1518년

시작되었다고 해도 과언이 아닌 셈입니다.

야고프 푸거가 막대한 부를 쌓고, 유럽을 근대 자본주의 사회로 이끌 수 있었던 원동력은 정치와 종교의 결탁, 그리고 부에 대한 인간의 욕망이었습니다.

06

종교 개혁의 비밀

마틴 루터와 종교 개혁

황제와 귀족들 사이에 당당히 서 있는 한 사제가 보입니다. 어쩐지 결의에 가득 찬 듯한 모습이네요. 이 그림은 어떤 장면을 묘사하고 있는 것일까요?

이 작품은 네덜란드 화가 이싱스J.H. Isinghs가 1521년 보름스 의회Diet of Worms에서 선언하는 마틴 루터Martin Luther의 모습을 담은 그림입니다. 그림 왼쪽의 붉은 모자와 흰 망토를 걸친 사람은 신성 로마 제국의 황제 카를 5세이고, 그를 마주하고 서 있는 사제가 바로 마틴 루터입니다.

루터는 이 의회에서 황제와 종교 제후들 앞에서 자신의 신앙과 신학을 심문받습니다. 이 자리는 루터의 목숨이 걸려 있을 뿐만 아니라 파문을 당할 수도 있는 결정적인 장면인 것이지요. 이 상황에서 루터는 어떤 선택을 했을까요? 지금부터 종교 개혁에 얽힌 이야기를 살펴보겠습니다.

보름스 의회에서의 루터 | 이싱스 | 1521년

신의 이름으로 자행된 착취, 면죄부

'관대함'을 뜻하는 라틴어 'Indulgentia'에서 유래된 '면죄부(면벌부)'는 지은 죄에 대해서 받아야 할 형벌을 사함 받는 증서입니다. 중세 교회에서는 면죄부를 판매하여 교황이 신의 이름으로 과거에 지은 죄는 물론 앞으로의 죄까지 면제해주었습니다.

면죄부는 11세기 이전에도 있었습니다. 하지만 당시에는 성직자가 고인이 천국에 갈 수 있도록 기도해주고 가족들이 헌금을 하는 형태였습니다. 그러다 11세기에 십자군 전쟁 참여를 장려하기 위해 면죄부를 활용하면서 면죄부 판매량은 르네상스 시대에 절정에 달했습니다.

교회에서 면죄부를 판매하는 모습
작자 미상 | 연도 미상

르네상스 시대에 면죄부가 대량으로 판매된 것은 교황과 성당 건축 자금을 마련하기 위함이었습니다. 교황들은 자신들의 임기 동안 대성당을 짓고 예술 작품 후원에 많은 자금을 쏟아부었습니다.

이브의 창조 | 미켈란젤로 | 1509~1510년

교황 레오 10세는 면죄부를 대량으로 판매해 그 돈으로 성 베드로 대성당을 짓고 미켈란젤로의 시스티나 성당의 천장화도 그렸습니다. 면죄부는 신의 이름으로 자행된 착취였던 셈입니다.

마틴 루터, 종교 개혁을 일으키다

교회의 면죄부는 독일 성직자인 '터첼Tetzel Johann' 이 판매를 맡으면서 불티나게 팔렸습니다. 그는 '금고에 넣은 동전이 짤랑거리면, 영혼은 연옥*에서 벗어난다'는 말로 대중을 선동해 많은 사람들에게 면죄부를 팔았습니다.

이러한 교회의 타락을 지켜보던 루터는 1517년 10월 31일 비텐베르크Wittenberg 성채교회 정문에 〈95개조 반박문〉을 붙이고 타락한 교회의 회개를 촉구하였습니다. 라틴어로 쓰인 이 반박문은 학문적 토론이 목적이었으나, 독일어로 번역되어 독일과 유럽 전역에 퍼지면서 이후 루터는 이단으로 몰려 기소당합니다.

교황 레오 10세는 루터에게 60일의 시간을 주며 해당 주장을 철회할 것을 요구합니다. 하지만 루터는 굴하지 않고 교황의 서신을 학생들이 보는 앞에서 불 질러 버렸습니다.

1521년 카를 5세는 '보름스 의회'를 소집하여 루터 문제를 해결하고자 합니다. 루터에게 하루의 시간을 주었으나 루터는 반박문을 철회하지 않겠다고 합니다. 결국 루터는 이단으로 몰려 교회로부터 파문을 당합니다. 루터로부터 시작된 이 종교 개혁의 물결은 독일에서 확장되어 북유럽과 스위스, 영국의 종교 개혁으로 이어집니다.

---

* 연옥(煉獄, purgatory): 가톨릭에서 죽은 자의 영혼이 천국으로 가기 전에 일시적으로 머무른다고 믿는 장소를 뜻한다.

종교 개혁의 비밀

교회와 성직자들의 타락을 바로 잡기 위해 시작된 종교 개혁은 점차 전쟁으로 변질되어, 1600년대 유럽을 혼란에 빠뜨립니다. 특히 1618년에 시작된 '30년 전쟁Thirty Years' War'은 역사상 가장 잔혹한 전쟁 중 하나였습니다. 30년 전쟁 이후 '베스트팔렌 조약'으로 신성 로마 제국은 실질적으로 해체되고 영주들이 각 지역을 통치했습니다.

그렇다면 마틴 루터가 주창한 종교 개혁은 어떻게 전 유럽으로 급속히 확대될 수 있었을까요? 바로 부르주아 상인과 영주들의 결탁 덕분이었습니다. 오랜 세월 교회는 신을 앞세워 권력과 부를 독점하며 사회를 경직시켰습니다. 하지만 시대가 변하면서 기존의 기득권이던 교회는 신흥 세력인 상인과 영주와 권력을 두고 싸우게 되었습니다.

독일 북부 영주들과 부르주아 상인들은 종교 개혁을 적극 지지했습니다. 이들은 베스트팔렌 조약을 통해 국가의 독립과 종교적 자유를 쟁취하여 교회의 권력을 무너뜨리고 부와 권력을 차지하게 됩니다. 결국 종교 개혁 이면에는 권력과 부를 쟁취하기 위한 인간의 욕망이 숨어 있던 것입니다.

해적이 탄생시킨 주식회사

주식회사의 기원, 동인도회사

흐트러짐 없는 자세와 부드러운 미소로 귀족의 품격을 보여주는 한 남자가 있습니다. 고급스러운 허리띠와 칼은 그가 기사임을 보여줍니다. 시선을 옮겨 탁자를 봅시다. 밝게 처리된 부분에는 지구본이 있네요. 화가는 무엇을 강조하고 싶었던 것일까요?

이 그림은 영국 궁정화에 새로운 미학을 입혔다고 평가받는 마르쿠스 헤라르츠Marcus Gheeraerts의 〈프랜시스 드레이크 경의 초상〉입니다. 프랜시스 드레이크Francis Drake는 '살라미스 해전', '트라팔라르 해전'과 함께 세계 3대 해전으로 꼽히는 '칼레 해전'의 주인공인데요. 그는 군인이자 탐험가였으며 영국인 최초로 세계 일주를 한 사람이기도 합니다. 화가는 지구본을 프랜시스 드레이크의 모습과 함께 그림으로써 그가 세상을 장악한 영웅임을 표현했습니다. 바다를 장악해 영국을 해상 강국으로 도약하게 만들었다는 프랜시스 드레이크. 그는 진정 위대한 영웅이었을까요?

프랜시스 드레이크 경의 초상 | 마르쿠스 헤라르츠 | 1591년

칼레 해전 영웅의 정체

1492년 '알함브라 칙령'을 공표한 이사벨 여왕의 목적은 스페인에서 유대인을 추방하는 것이었습니다. 스페인에서 쫓겨난 유대인들은 종교적 자유가 허용된 네덜란드 암스테르담으로 모입니다. 스페인으로 대표되는 '구교(가톨릭)'와 영국, 네덜란드로 대표되는 '신교'의 갈등은 종교 개혁 이후 심화되었습니다. 영국은 네덜란드의 신교 활동을 지원했는데, 이는 구교 수호자 스페인이 보기에는 적대적인 행동이었습니다. 1585년에 영국과 스페인 간에 일어난 '칼레 해전'은 터질 수밖에 없던 전쟁이었던 것이죠.

칼레 해전의 영웅은 '드레이크'였습니다. 엘리자베스 여왕은 해적 출신인 드레이크에게 기사 작위를 내렸고 해군 제독으로 임명합니다. 영국 해군을 이끈 드레이크는 해적 경험을 바탕으로 스페인 무적함대를 격파합니다.

해적들에 의해 탄생한 '동인도 회사'

당시 영국 정부는 사략선*제도를 운영하였습니다. 즉 전쟁에 참여하는 해적들에게 해적질을 할 수 있는 권한

---

* 사략선(私掠船, Privateer ship): 국가로부터 전쟁 시 적의 상선을 나포할 수 있는 특허장을 받아 활동하는 민간 무장선.

을 준 것입니다. 그 덕분에 수많은 해적이 칼레 해전 등에서 활약했고, 엘리자베스 여왕 1세는 이들의 활약을 인정해 큰 선물을 하사합니다. 해적과 상인을 모아 회사를 설립하고 이 회사에 무역 독점권을 준 것입니다. 대항해 시대에 무역으로 성장한 해적 집단과 상인이 국가의 협력 아래 설립한 근대적인 이 회사가 바로 '영국 동인도 회사East India Company'입니다.

현대 주식회사의 탄생, 네덜란드 동인도 회사

무역 독점권을 받은 영국 동인도 회사는 대항해 시대에 많은 부를 창출합니다. 이러한 영국의 독주를 견제하기 위해 네덜란드도 동인도 회사를 설립합니다.

전폭적인 왕실의 지원으로 설립된 영국 동인도 회사와 달리 네덜란드 동인도 회사는 해적, 상인 등이 출자한 자본으로 설립되었습니다. 이는 위험을 분산하기 위함이었습니다. 1602년 총 1,143명이 650만 길더**를 모은 네덜란드 동인도 회사가 출범하면서 당시 자본을 투자한 해적과 상인, 일반 공모자들이 투자 증서인 '주식'을 받습니다. 이후 주식을 거래하는 최초의 주식 거래소가 암스테르담에 설립됩니다.

** 현 시가로 약 1,300억 원.

1726년 암스테르담의 동인도 회사 조선소 | 조셉 멀더 | 연도 미상

해적들이 주축이 되어 설립한 네덜란드 동인도 회사는 최초
의 다국적 기업이자, 주식회사의 기원입니다. 네덜란드 동
인도 회사는 자카르타에 본사를 두고 영국과 포르투갈 세력
을 몰아내고 세계 최대의 무역 회사로 성장합니다. 하지만
17세기 후반 영국과의 경쟁에서 압도당해 결국 1799년 네
덜란드 동인도 회사는 해산합니다.

해적들은 어떻게 주식회사를 운영했을까

야만적일 것 같은 해적의 이미지와는 달리 그들은

매우 민주적으로 회사를 운영했습니다. 역할에 따라 합당하게 배분하고 발생된 수익도 공정하게 나누었습니다. 해적선 선장 또한 선원들의 투표로 정했습니다. 해적들에게 해적선은 일터이자 삶터 그 자체였습니다.

네덜란드 동인도 회사도 이런 체계를 수용해 누구도 회사를 소유하지 않았습니다. 자본을 출자한 주주들만 존재했지요. 동인도 회사에 출자한 일반인 역시 기업 소유와 경영에는 관심이 없었습니다. 투자한 지분에 따라 배당을 받고, 주식이 오르면 팔아 이익을 챙길 뿐이었습니다.

해적에 의해 탄생한 주식회사는 자본이 필요한 곳에 돈을 흐르게 하는 혈관 역할을 하며 경제 성장을 이끌었습니다. 영국에서 발전된 동인도 회사는 네덜란드를 비롯한 서구 열강의 롤모델로 활용되기도 했습니다. 하지만 동인도 회사는 식민지를 활용한 독점 무역 활동을 강화하는 등 점차 부를 축적하는 도구로 변질되었습니다.

08

명품 꽃의 탄생

인간의 탐욕이 만든 튤립 버블

이 그림은 네덜란드 화가 '헨드릭 게리츠 포트'의 〈바보 마차〉입니다. 〈바보 마차〉는 역사상 최초의 버블 현상인 '튤립 파동Tulip mania'을 풍자한 작품인데요. 이는 17세기 네덜란드에서 벌어진 튤립 투기 현상으로, 오늘날 거품 경제에 대한 은유로 사용되기도 합니다. 그림을 자세히 살펴봅시다. 돛을 단 마차에 올라탄 사람들과 그들을 뒤따르는 사람들의 행렬이 보입니다. 마차의 가장 높은 자리에 앉은 여인은 꽃의 여신 플로라로, 튤립을 한 아름 안고 군중을 유혹하고 있습니다. 여인의 뒤에는 꽃이 그려진 깃발이 있는데 이는 튤립 파동을 상징적으로 보여줍니다. 플로라 아래 세 명의 남자를 볼까요? 그들은 머리에 튤립을 꽂고 있습니다. 이는 인간의 탐욕을 상징합니다.

그렇다면 이 튤립 파동은 왜 일어나게 되었고, 어떻게 종식되었는지 지금부터 17세기 네덜란드로 가보겠습니다.

바보 마차 | 헨드릭 게리츠 포트 | 1640년

비싼 꽃이 일으킨 투기 열풍

17세기 네덜란드는 상업과 무역이 발달해 상인들이 많은 부를 축적했습니다. 당시 부를 축적한 상인들과 귀족들은 예술가에게 초상화를 주문하거나 정원을 가꾸는 일에 돈을 쓰면서 자신들의 부와 교양을 과시했습니다.

1610년대 귀족과 상인, 식물 애호가들의 마음을 빼앗은 꽃이 있었습니다. 바로 '튤립'입니다. 튤립은 중앙아시아의 '톈산맥Tian Shan 山脈'이 원산지로, 16세기 오스만 제국에서 유럽으로 전해졌습니다. 튤립은 단기간에 수확량을 늘리기 어려워 고가로 거래되었습니다. 그중에서도 가장 인기 있는 종種은 '영원한 황제'라는 뜻의 '셈페르 아우구스투스Semper Augustus'였습니다.

1633년 500길더였던 셈페르 아우구스투스 한 구근의 값은 불과 4년 후인 1637년에는 1만 길더에 거래됩니다. 1만 길더는 당시 노동자들의 20년 연봉에 맞먹는 금액이었습니다. 17세기 가장 비싼 황제 꽃, 튤립은 귀한 꽃이자 부의 상징이었습니다. 사람들의 욕망을 자극한 튤립의 인기는 날로 치솟았습니다. 희귀종일수록 더 비쌌기 때문에 새로운 품종이 계속 개발되었습니다.

당시 흑사병의 재발로 네덜란드 인구의 8분의 1이 사망

셈페르 아우구스투스 | 작자 미상 | 연도 미상

하자 불안감 때문에 사람들은 더 투자에 열을 올렸습니다. 당연히 튤립의 가격은 천정부지로 치솟았습니다. 1633년에서 1637년까지 네덜란드에서 거래된 튤립 알뿌리 거래 총액은 최소 4,000만 길더였습니다. 당시 암스테르담 은행

의 예치금이 350만 길더, 세계에서 가장 큰 기업이었던 네덜
란드 동인도 회사의 투자금이 650만 길더였던 것을 생각하
면 튤립 거래가 얼마나 많았는지 짐작할 수 있습니다.

튤립 광풍과 그 끝

튤립으로 막대한 부를 얻을 수 있다는 소문이 퍼지
자 상인과 일반 서민들까지 튤립 구매에 열을 올리는 광풍
으로 번집니다. 그렇다면 자본이 넉넉하지 않은 서민들은
어떻게 튤립에 투자를 할 수 있었을까요? 비밀은 자본의 유
동성에 있었습니다.

당시 유럽의 자본은 다국적 기업인 네덜란드의 동인도 회
사로 집결되었습니다. 이 때문에 서민들도 쉽게 돈을 빌릴
수 있었던 것입니다. 이처럼 자본이 넘치다 보니 투자처가
필요했고, 튤립이 유동성 자본의 출구가 된 셈입니다.

한편 변종 튤립이 인간의 욕망을 자극하여 부를 창조했다
면 새로운 '금융 변종'도 등장합니다. 현대 금융에서 활용되
는 옵션 거래*가 등장한 것입니다. 중개인은 콜옵션으로 계
약을 하고, 튤립 재배인은 풋옵션으로 리스크에 대비했습니

---

* 옵션 거래: 통화, 주식, 채권 등 특정 자산을 미래의 특정 시기에 특정 가격으로
매매할 수 있는 권리를 뜻하며, 팔 권리를 풋옵션(put option), 살 권리를 콜옵션(call
option)이라고 한다.

다. 즉 튤립 광풍은 주식회사를 통해 유입된 막대한 자본과 새로운 금융 기술, 그리고 인간의 욕망이 뒤엉켜 생겨난 현상이었던 것입니다.

잘 나가던 튤립은 1637년 2월 3일 갑자기 가격이 폭락합니다. 구매자가 더 늘지 않는 데다 공황 심리까지 더해진 탓이었습니다. 튤립으로 신분 상승을 꿈꾸던 마지막 구매자들은 패닉에 빠지게 됩니다. 튤립의 시대는 파산자와 벼락 부자를 남긴 채 막을 내리고 맙니다.

경제 버블과 인간의 욕망

역사적으로 경제 버블은 새로운 형태의 부와 부자를 탄생시켰습니다.

2007년 전 세계를 패닉에 빠트린 미국발 '서브프라임 모기지 사태Subprime mortgage Crisis'를 다룬 영화 〈월 스트리트〉의 주인공 대사 중에 "인간의 탐욕은 좋은 것(Greed is good)"이라는 말이 있습니다. 이는 인간의 욕망이 경제 버블을 불러왔지만 또 그 욕망 때문에 엄청난 부가 창조되었다는 의미로 해석할 수 있습니다.

이처럼 경제 버블은 부의 양극화 현상을 일으키는 불쏘시개 역할을 하면서도 동시에 경제 대전환을 가져오기도 합니다. 버블은 언제나 인간의 욕망에서 시작되었습니다. 버블의 무서움은 꺼지기 전까지는 어떤 현상이 버블인지 모른다는 데 있습니다.

코로나라는 팬데믹을 겪으며 우리는 또 새로운 여러 광풍 속을 지나고 있습니다. 과연 이것은 버블일까요?

튤립 투기자들을 멍청한 원숭이로 비유한 풍자화 | 얀 브뢰헬 2세 | 1640년

아름다운 튤립에 가치를 부여한 것도,

그 가치에 얽매인 것도 모두 사람이었습니다.

거품의 형성과 몰락은

인간의 욕망에 달렸습니다.

09
부富의 태양, 루이 14세

태양왕을 만든 콜베르의 중상주의

권위를 상징하는 붉은색과 금색이 어우러진 커튼을 배경으로 한 남자가 서 있습니다. 백합 문장이 박힌 고급 벨벳 망토가 그의 온몸과 탁자, 의자까지 뒤덮고 있네요. 붉은색 버클과 굽이 인상적인 하이힐에도 눈길이 갑니다.

그림의 모델은 루이 14세입니다. 이 초상화는 원래 손자인 펠리페 5세를 위해 제작한 것이지만, 그림이 마음에 들었던 루이 14세는 자신이 소유하기로 했습니다. 작품이 그려질 당시 그는 예순이 넘은 나이에 이가 거의 없어 합죽이 같았고, 머리카락이 빠져 가발을 썼음에도 당당함을 잃지 않았습니다. 프랑스를 가장 강력하게 통치한 왕이자 화려함의 상징인 베르사유 궁전Versailles 富殿을 지어 호화로운 생활을 즐긴 루이 14세. 그는 어떻게 그런 생활을 영위할 수 있었을까요?

루이 14세의 초상 | 이아생트 리고 | 1701년

유럽을 호령한 태양왕 루이 14세

태양왕 Le Roi Soleil으로 불린 루이 14세. 그는 중앙집권을 강화하고, 베르사유 궁전을 개축하는 등 찬란한 프랑스 문화를 집대성한 왕입니다.

루이 14세는 루이 13세가 1643년 갑작스럽게 서거하면서 4세라는 어린 나이에 즉위했습니다. 나이가 어려 어머니와 재상이 섭정했고 23세가 되어서 친정을 시작했습니다.

루이 14세의 어린 시절은 평온하지 못했습니다. 어머니와 추기경이자 재상인 쥘 마자랭Jules Mazarin의 섭정을 받아야 했고, 귀족들의 잦은 반란으로 피난도 다녔습니다. 이러한 어린 시절은 트라우마로 남았습니다. 루이 14세가 파리를 벗어나 베르사유에 궁전을 짓고 왕권을 강화한 것도 어린 시절의 트라우마 때문이라고 합니다.

태양왕을 만든 콜베르의 중상주의

어떻게 루이 14세는 유년 시절의 트라우마를 극복하고 절대적인 권력을 휘두르며 '태양왕'이 될 수 있었을까요? 바로 천재 재상 장 바티스트 콜베르Jean-Baptiste Colbert가 있었기 때문입니다.

루이 14세는 왕권을 강화하기 위해서 프랑스에 남아 있는 봉건 제도를 정리하여 영주들의 권력을 무너뜨립니다. 루이 14세가 추구한 절대 왕정은 프랑스 내에서만 국한된 것이 아니었습니다. 그는 유럽의 주도권을 원했고, 그러기 위해서는 식민지 확보가 필수적이었습니다. 하지만 프랑스는 정복 전쟁을 치를 자금이 부족했습니다. 이런 상황에 큰 역할을 한 사람이 바로 콜베르였습니다.

콜베르는 루이 14세 아래에서 1665년부터 1683년까지 재무부 장관을 역임합니다. 그는 중상주의重商主義 정책을 표방하여 국가의 강력한 통제하에 공업 생산량을 늘리고 무역에 힘썼습니다. 또한 그는 국가의 힘은 국가가 보유하고 있는 금과 은에 따라 결정된다고 생각하여, 수출은 장려하고 수입은 통제했습니다. 수출 시에는 보조금을 지원하였고 수입품에는 관세를 부과했습니다.

이처럼 무역으로 막대한 자금을 확보한 루이 14세는 정복 전쟁을 통해 다른 나라를 정복하고, 그 나라의 시장을 강제 개방하여 또다시 부를 창출했습니다.

유럽의 봉건제를 무너뜨린 콜베르의 중상주의는 이후 유럽 전역으로 확산됩니다. 유럽 제국주의 국가들은 보다 넓은 식민지를 개척하기 위해 보다 강력한 중상주의를 도입하여 자신들의 부를 쌓는 데 이용합니다.

왕립과학원의 회원을 루이 14세에게 소개하는 콜베르 | 앙리 테스틀랭 | 1667년

태양왕의 몰락

프랑스는 계속된 전쟁과 왕실의 사치로 재정이 거
덜나고 맙니다. 콜베르는 재정 확보를 위해 세금 개혁을 실
시하여 면세 혜택을 누리던 귀족들에도 세금을 부과하였습
니다.

이러한 콜베르의 경제 정책은 루이 14세에게 엄청난 부
를 안겨주었습니다. 덕분에 루이 14세는 왕권 강화를 도모
하며 베르사유 궁전을 지을 수 있었습니다.

베르사유 궁전은 루이 14세의 절대 권력을 상징하는 걸작입니다. 베르사유 궁전을 짓기 위해 3만 명 이상의 인부와 6만 마리의 말이 동원되었다고 합니다. 루이 14세는 귀족들을 궁전에 초청하여 날마다 호화로운 연회를 베풀며 왕의 권위를 주입시키고 길들이는 고도의 정치 전략을 펼쳤습니다. 사치와 경쟁에 눈이 먼 귀족들은 루이 14세의 계획대로 왕권에 복종하게 되었습니다.

그러나 영원할 것만 같았던 태양왕 루이 14세의 부와 권력에도 끝이 보였습니다. 아이러니하게도 그의 절대 권력을 무너뜨린 것은 베르사유 궁전이었습니다. 호화로운 파티가 귀족뿐만 아니라 루이 14세마저도 타락시켰기 때문입니다.

또한 루이 14세는 프랑스 발전에 크게 공헌한 신교도에게 신앙의 자유를 허용한 낭트칙령Nantes勅令을 폐지하여 신교도들의 압박을 받습니다. 이로 인해 신교도 상인들이 해외로 빠져나가 프랑스 경제는 심각한 타격을 입습니다. 향락에 취해 다양성을 인정하지 않았던 절대 권력은 그렇게 스스로 몰락의 길을 걷게 됩니다.

노예선 | 윌리엄 터너 | 1840년

생명 보험에 얽힌 역사
노예제와 생명 보험의 상관관계

1783년 아프리카에서 영국으로 향하던 노예선에서 참혹한 사건이 발생합니다. 노예들이 질병으로 죽어가자 선장과 선원들은 병든 노예들을 산 채로 바다로 던져 죽게 만듭니다. 윌리엄 터너의 <노예선>은 이 사건을 묘사한 작품입니다. 터너는 붉은빛과 잿빛 바다, 노예를 묶은 쇠사슬, 거대한 파도를 통해 노예들의 비인간적인 삶을 고발하고 있습니다.

당시 노예선에는 인간의 존엄이라고는 없었습니다. 노예들은 갑판 아래에서 쇠사슬에 발이 묶인 채 조금의 여유 공간도 없이 빼곡하게 붙어서 노를 저어야 했습니다. 또 밀폐된 공간에서 오물과 악취에 시달리던 노예들은 전염병으로 죽기 일쑤였고 죽으면 바다에 던져졌습니다.

그렇다면 이 비극적인 사건은 왜 일어난 것일까요? 이유는 '돈' 때문이었습니다. 당시에는 노예의 도주, 실종, 질병, 사망 등으로 발생한 손해를 보상하는 보험을 판매하였습니다. 즉 노예 선주들은 노예를 사람이 아닌 상품으로 인식하였던 것입니다.

이처럼 한 인간을 개인의 소유물로 여기며 인권을 착취했던 노예 제도는 생명 보험을 탄생시켰습니다. 노예 보험에서 시작된 생명 보험은 인간의 탐욕이 부른 아픈 역사를 담고 있습니다. 거대한 파도가 배를 덮치려는 광경을 그린 터너의 작품은 사람들이 죗값을 받을 것이라는 의미를 표현한 것은 아닐까요?

모세가 70인의 장로들을 선출하다 | 제이콥 드 위트 | 1737년

'신과의 약속'은

유대인 부의 역사의 모든 것입니다.

PART 5

세계 경제를
지배하는 유대인

유대인 부富의 역사

신과의 영원한 계약, 그리고 순례의 길

바빌론 유수와 디아스포라

나무 아래, 가족으로 보이는 이들이 절망적인 모습으로 앉아 있습니다. 아버지 무릎에 얼굴을 묻은 자녀와 이를 애써 외면하는 아버지, 수심에 빠진 큰딸과 갓난아이를 안고 있는 어머니의 모습이 안타깝게 느껴집니다.

이 그림은 '에드워드 벤더맨'의 〈추방되는 유대인의 슬픔〉이라는 작품입니다. 유대인의 역사에서 가장 많이 등장하는 것은 '디아스포라Diaspora'일 것입니다. 그리스어로 '흩뿌리거나 퍼트리는 것'을 뜻하는 이 단어는 특정 민족이 기존에 살던 땅을 떠나 다른 지역으로 이동하는 현상을 말합니다. 그들은 왜 자신들의 유일신唯一神 '야훼'의 선택을 받았음에도 자신들의 땅에서 추방되어 고통의 순례 길을 걸어야 했을까요? 또 그들은 어떻게 그 상황을 극복하고 세계 최고의 부자 민족으로 거듭났을까요?

추방되는 유대인의 슬픔 | 에드워드 벤더맨 | 1832년

신과의 영원한 계약

유대인을 이해하기 위해서는 먼저 유대교Judaism에 대해 알아야 합니다. 유대교는 선민사상選民思想에서 출발했습니다. 선민사상은 어떤 신적인 존재가 특정 민족을 선택해 구원한다는 사상입니다. 유대인들은 그들의 유일신인 '야훼Yahweh'**만이 천지 만물을 창조하고 다스리는 신이라고 믿습니다.

> 이것은 야훼께서 너희와 계약을 맺으시는 피다.
>
> _출애굽기 24장 8절

유대인은 자신들이 믿는 신과의 계약을 선지자인 '모세'를 통해서 맺습니다. 이 계약이란 세상이 종말하는 때에 신이 유대인만을 선택하여 새로운 나라를 건설하고, 유대인은 야훼만을 신으로 섬길 것을 맹세한 것입니다. 이 때문에 유대인들은 '신에게 선택받은 유일한 민족'이라는 자긍심을 갖게 되었고, 자손 대대로 신이 축복을 내린 땅을 지키며 살아가게 되었습니다.

---

* 야훼(Yahweh): 이스라엘 사람들이 믿는 유일신으로, 여호와(Jehovah)로 표기하기도 한다.

유대인의 수난과 바빌론 유수

기원전 597년 예루살렘에 바빌로니아의 병사 수만 명이 들이닥쳤습니다. 이때 솔로몬 성전이 무참히 파괴되는 등 예루살렘은 순식간에 잿더미가 됩니다. 이 일로 유대인의 수난의 길, '바빌론 유수Barbylonian Captivity'가 시작됩니다.

바빌론 유수란 기원전 597년에서 538년까지 이스라엘 사람들이 신바빌로니아**의 포로가 되어 바빌론으로 이주한 사건을 말합니다. 대예언자 예레미야는 하느님께 불순종한 유대 민족이 바빌론에 의해 멸망할 것이라고 경고하였습니다.

> 기뻐서 노래하며 흥겹게 노는 소리도, 즐거운 신랑 신부의 소리도, 맷돌질 소리도 더 이상 나지 않으리라. 다시는 등불이 켜지지 않으리라. 이 일대는 끔찍한 폐허가 되고 여기에 살던 민족들은 모두 칠십 년 동안 바빌론 왕의 종노릇을 할 것이다.
>
> _예레미야 25장 10~11절

바빌론에 노예로 끌려간 유대인들은 사막 한가운데 건설

** 신바빌로니아(New Babylonia): 메소포타미아의 바빌로니아에 있던 칼데아인이 세운 왕국이다.

바벨탑 | 피터 브뤼헐 | 1563년

된 거대 도시를 보게 됩니다. 신바빌로니아의 수도 바빌론은 웅장한 신전과 하늘 높이 솟은 궁전, 바벨탑과 공중 정원으로 유명합니다. 피터 브뤼헬Pieter Brueghel 작품 〈바벨탑 Tower of Babel〉은 당시 바빌론이 얼마나 발전된 도시였는지를 보여줍니다.

거대한 바벨탑은 어떻게 세워지게 되었을까요? 신바빌로니아 왕 네부카드네자르 2세에게 바벨탑은 바빌론 제국의 영광을 선언하는 상징이었습니다. 거대한 건축물을 짓기 위해 노예로 동원된 사람들은 유대인이었습니다. 바빌론 유수는 유대인들을 더 강하게 만들었습니다. 나라를 잃고 지옥 같은 노예 생활을 겪으면서도 신과의 약속을 믿으며 유대인 정체성을 지키려 했습니다.

바벨탑은 유대인에게 고통만 안겨준 것은 아니었습니다. 바벨탑은 당시 첨단 기술의 집합체였고 유대인들은 그 기술을 고스란히 습득합니다. 이를 바탕으로 유대인은 각지로 흩어져서도 자신들만의 방식으로 생존하고 부를 키울 수 있었습니다.

수난의 길, 디아스포라

바빌론 유수는 약 50년간 이어졌지만 유대인은 절

망하지 않았습니다. 언젠가 자신들을 해방시킬 메시아가 올 것을 강하게 믿으면서 신앙심을 계속 지켰습니다. 그러던 어느 날, 마침내 해방의 약속이 실현됩니다.

페르시아의 키루스 2세가 신바빌로니아를 정복하고 수도 바빌론에 입성하면서 노예였던 유대인들을 해방시킨 것입니다. 해방만이 아니라 그들을 존중하여 유대교 경전과 예배에 쓰는 제구祭具까지 돌려주었습니다.

그러나 그토록 고대하던 해방이라는 기적이 일어났음에도 유대인들은 돌아갈 나라가 없었습니다. 그들의 땅에는 이미 다른 민족이 살고 있었기 때문이지요. 그렇게 대부분의 유대인들이 여러 곳에서 흩어져 살면서 유대교의 규범을 지키는 '디아스포라Diaspora'가 되고 맙니다.

바빌론 유수 | 제임스 티소 | 1896~1902년

유대인에게 바빌론 유수는

절망으로만 가득한 시간은 아니었습니다.

신의 약속이 언제가는 이루어지리라 믿었기에

그들은 그 고난을 견딜 수 있었습니다.

02

왜 유대인은
고리대금업자가 되었나?

고리대금업과 유대인

남자가 신중한 표정으로 주화를 저울질하고 있습니다. 반면 아내로 보이는 여자는 그런 남자를 무심하게 보고 있습니다. 앞에는 성경이 놓여 있고요.

이 그림은 플랑드르Flandre의 대표 화가 '퀜틴 마시스Quentin Matsys'의 〈환전상과 아내〉라는 작품입니다. 그림 속 남자는 당시 대부업자로 환전업을 겸하고 있었습니다. 작가가 살았던 플랑드르 지방은 교역의 거점으로 대부업과 환전업이 성황을 이루고 있었다고 합니다. 그림에서 주목해야 할 것은 환전상의 아내입니다. 성경을 앞에 두고 돈에 눈길을 주는 아내의 모습에는 물욕에 대한 경각심을 일깨우고자 하는 작가의 의도가 담겨 있습니다.

왜 작가는 이처럼 물욕을 경계하라는 암시를 담았을까요? 이번 장에서는 유대인과 고리대금업에 대한 이야기를 해보겠습니다.

환전상과 아내 | 퀜틴 마시스 | 1514년

왜 유대인은 고리대금업자가 되었을까

역사적으로 유대인들은 차별과 탄압으로 인해 유랑생활을 해야 했고 생계를 위한 정상적인 활동을 할 수 없었습니다. 1200년대 후반까지 유대인들은 토지를 소유할 수 없었습니다. 농사를 지을 수 없었던 유대인이 할 수 있었던 것은 상업과 천한 직업으로 여긴 고리대금업뿐이었습니다. 이러한 이유로 많은 유대인들이 고리대금업에 종사했습니다. 하지만 중세 교회는 돈을 빌려주고 이자를 받는 고리대금업을 금지했습니다.

그렇다면 교회가 금지한 고리대금업에 유대인은 어떻게 종사할 수 있었을까요? 유대인에게 고리대금업의 정당성을 부여한 것은 아이러니하게도 고리대금업을 금지한 '성경'이었습니다.

외국인에게는 변리를 놓더라도 같은 동족에게는 변리를 놓지 못한다.

_신명기 23장 20절

유대인은 성경 구절을 근거로 유대인 이외의 사람들에게 고립대금업을 할 수 있다고 해석하였습니다. 유대인에게 고

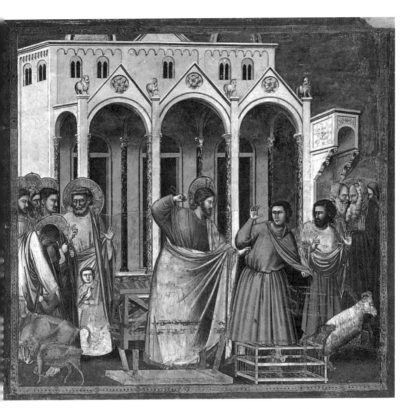

성전에서 환전상을 내쫓는 예수 | 지오토 디 본도네 | 1304~1306년

리대금업은 생존을 위한 선택이었습니다.

고리대금업자가 악인이 된 이유

중세 교회의 고리금업자에 대한 비난은 대단했습니다. 교회는 고리대금업을 혐오했고 고리대금업자들은 지옥의 벌을 감수해야 한다고 가르쳤습니다.

단테는 《신곡》에서 지옥에서 고통 받는 고리대금업자의 모습을 생생하게 표현하였습니다. 단테의 이야기는 사람들에게 공포와 두려움을 안겨주기에 충분했습니다.

이러한 사회적인 분위기로 인해 유대인 고리대금업자는 교회와 사회의 차별과 처벌을 감수하며 살았습니다. 유대인들은 낮에는 붉은 모자를 쓰고 다녀야 했으며, 밤에는 외출이 통제되어 그들의 거주 지역에서만 생활해야 했습니다.

또한 12세기에는 고리대금업자들의 매장을 금지했습니다. 유대인들이 죽으면 그들의 재산을 몰수하기도 했습니다. 흑사병이 돌았을 때에는 유대인 때문에 신이 형벌을 내렸다고 하면서 유대인들을 마녀사냥하기도 했습니다.

이처럼 교회와 지식인을 중심으로 유럽에서 만연한 반유대주의는 유대인에 대한 차별과 핍박을 정당화하고 그들을 악인으로 만들었습니다.

박해가 피운 부의 꽃

역사를 살펴보면 국가의 흥망성쇠興亡盛衰가 유대인에 의해 좌우된 경우가 많습니다. 그 이유는 유대인의 돈, 즉 자본력 때문이었습니다.

초기 로마 제국은 유대인과 협력하면서 세력을 확장했습니다. 하지만 로마가 밀라노 칙령*을 발포하자 유대인들은 그들의 신앙을 지키기 위해 지속적으로 저항합니다. 이를 저지하기 위해 로마는 유대인을 박해하였고, 이 때문에 로마 경제는 서서히 쇠락하고 맙니다. 유대인들이 로마의 돈과 상업을 장악하고 있었기 때문입니다. 결국 로마는 인플레이션과 황제의 타락 등의 이유로 멸망합니다.

르네상스 시대에 상업이 발달하면서 고리대금업의 필요성은 점차 높아졌습니다. 점차 고리대금업은 금융업으로 발전하여 유대인의 자본이 유럽에 확산되었습니다. 유대인이 가진 자본의 힘은 대단했습니다. 그들은 종교와 정치 권력, 각지에 흩어진 유대 민족의 정보 네트워크를 활용해 세계를 움직였습니다. 지금도 여전히 세계 경제에 엄청난 영향력을 미치고 있습니다.

---

* 밀라노 칙령(Edict of Milano): 313년 로마의 콘스탄티누스 대제가 발포한 칙령이다. 그리스도교가 법적으로 공인되었고 박해 시대에 몰수됐던 교회의 재산도 반환되었다.

신이 약속한 축복의 땅에 정착하지 못하고 오랜 시간 유랑을 해야 했던 유대인. 그들은 핍박에서 자신들을 지켜내기 위한 수단으로 돈을 선택했습니다. 유대인들은 음지에서 자본을 창출해 금융업으로 발전시키는 등 세상에 많은 기여를 했지만, 인류는 그들을 그저 돈을 좇는 이방인으로 여겼습니다.

베니스의 상인, 샤일록 | 찰스 부셸 | 1896~1902년

셰익스피어의 희극 《베니스의 상인》의 주인공 '샤일록'은

유대인 고리대금업자입니다.

돈에 대한 샤일록의 집착을 비난하는 이들도 있지만,

그를 탐욕의 화신으로만 치부하는 것은

유대인을 향한 왜곡된 시선 때문 아닐까요?

어쩌면 샤일록은 인종주의 역사의 희생양일지도 모르겠습니다.

03

탁자에서 시작된 은행

중세 금융의 허브, 베네치아

해상에서 축제가 한창입니다. 화려하게 치장한 배 위에서 많은 사람들이 경쟁하듯 열심히 노를 젓고 있습니다. 배에 탄 사람들은 각양각색의 파티복과 가면을 쓰고 있네요.

이 그림은 이탈리아 베네치아Venezia 출신 풍경화의 대가 '지오반니 안토니오 카날'의 작품입니다. '바다와의 결혼식'이라 불리는 이 축제는 베네치아 공화국의 해상 패권을 상징하는 행사로, 매년 '주님 승천 대축일'을 전후로 열렸습니다. 가장 무도회를 열어 가면과 망토를 쓰고 축제를 즐기지요.

중세 '베네치아 공화국Venetian Republic'은 지중해 무역의 중심 거점이었고 해군력도 최강이었습니다. 하지만 베네치아 공화국이 번영할 수 있었던 진짜 힘은 '금융'에 있었습니다. 이러한 베네치아의 금융업과 유대인은 깊은 관련이 있다고 합니다. 지금부터 금융의 허브 베네치아와 유대인의 히스토리를 살펴보겠습니다.

주님 승천 대축일 부친토로의 부두 귀항
지오반니 안토니오 카날 | 1732년

은행의 기원

은행의 기원은 신을 모시는 '성전^{聖殿}'에 있습니다. 그 근거는 메소포타미아_{Mesopotamia}에서 발견된 기록에서도 찾을 수 있습니다. 기록에 따르면 '농한기에 돈을 빌린 농부가 곡식을 수확 후 원금과 이자를 갚아야 한다'는 내용이 있는데요. 농부에게 곡식을 빌려준 주체가 성전이었다고 합니다. 메소포타미아는 제정일치_{祭政一致} 사회였기 때문에 사람들은 수확한 곡식의 일부를 제물로 바쳐야 했습니다. 성전은 이러한 제물로 상당한 자산을 축적하게 되었습니다. 성전을 운영하는 제사장은 제물을 사람들에게 빌려주면서 더 많은 부를 쌓기도 했습니다.

은행의 유래

무역 발달로 교역의 중심지 역할을 수행하는 도시가 등장하자 환전에 대한 수요도 높아졌습니다. 특히 유럽, 아시아, 아프리카를 잇는 교역을 수행했던 베네치아는 금융이 발달해서 어음과 영수증을 발급하고 환전을 주업으로 하는 환전상이 등장하는데, 그들이 유대인이었습니다.

셰익스피어의 희극《베니스의 상인》의 주인공 '샤일록'도 고리대금업자였습니다. 당시 금융업자들은 업무를 탁자에

베네치아 은행 | 작자 미상 | 1340년

앉아서 보았는데 샤일록도 마찬가지였지요. 금융업자들의
이런 모습 때문인지 은행(Bank)의 어원은 이탈리아어로 '탁
자'를 뜻하는 'Banko'에 있습니다. 단순한 환전업에서 시작
된 금융업은 자본가와 사업가를 연결하면서 대부업으로 발
전합니다.

탄압이 만든 금융 중심지

베네치아 카나레조 지구Cannaregio 地區 동쪽에 있
는 '굴리에 다리Ponte Delle Guglie'를 건너면 색다른 풍경이

성전에서 상인들을 쫓아내는 그리스도
윌리엄 터너 | 1832년

나오는데 이곳이 유대인 지구 '게토Ghetto*'입니다.《베니스
의 상인》의 샤일록과 같은 유대인들이 모여 거주한 곳이기
도 합니다. 게토는 차별과 탄압의 상징이었으나, 베네치아

---

* 　게토(ghetto): 유대인을 강제 격리하기 위해 정해둔 유대인 거주 지역을 뜻하며,
현대에는 민족적·문화적 특성으로 구분되어 분리된 지역을 뜻하기도 한다.

에서 이 게토는 유대인의 자금력을 드러내는 곳이기도 했습니다. 유대인들은 돈이 필요한 상인들이 건너오면 이곳에서 돈을 빌려주는 등 금융 업무를 보았습니다.

당시 중세 무역의 활성화로 수많은 배가 해상 무역에 투입되었는데, 바다에는 해적과 태풍 등의 위험이 도사리고 있어 금융업자들은 해상 무역을 하는 상인에게 돈을 빌려주는 걸 꺼렸습니다. 불의의 사고로 돈을 갚지 못할 수도 있으니까요. 하지만 상인들은 무역선 운항을 위해서 꼭 돈을 빌려야 했기 때문에, 유대인 금융업자들이 리스크를 감당하고 자신들에게 돈을 빌려주도록 이자를 지급했습니다.

이처럼 상업의 발달로 돈이 경제의 동맥 역할을 하게 되면서 고리대금업의 독점적 지위를 가진 유대인은 엄청난 부를 쌓게 됩니다.

즉 베네치아가 해상 무역과 금융의 중심지가 된 것은 유대인의 자본력과 이를 바탕으로 한 상업에의 투자 덕분이었습니다. 교회와 사람들은 유대인을 탄압하고 게토에 가두었지만 유대 자본은 그 장벽을 넘어 베네치아를 중세 금융의 중심지로 만든 것입니다.

04

인류가 유대인을
탄압한 진짜 이유

돈, 돈, 돈!

군대가 대치하고 있는 상황. 오른쪽 군대가 승기를 잡은 듯하네요. 흑마와 백마, 무채색과 유채색으로 무장한 양쪽 군대의 대비가 어느 쪽이 승자인지 알려주는 복선 같기도 합니다. 흑마의 고삐를 쥔 인물은 정중하게 고개를 숙여 상대편에게 예를 표하고 있습니다. 백마를 타고 있는 여왕의 당당한 표정이 인상적입니다.

이 그림은 스페인의 역사 화가 '프란치스코 프라디야 오르티즈'가 가톨릭 신앙으로 무장한 스페인이 이베리아반도에서 이슬람을 축출한 사건을 묘사한 작품입니다. 1492년, 아라곤의 페르난도 2세와 카스티야의 이사벨 여왕 1세는 마지막 이슬람 점령지인 스페인의 그라나다를 정복합니다. 그렇게 스페인은 통일을 완성하고 유대인을 스페인에서 추방시킵니다. 이 유대인 추방이 어떤 결과를 초래했는지, 또 추방의 진짜 이유는 무엇인지 살펴보겠습니다.

그라나다의 항복 | 프란치스코 프라디야 오르티즈 | 1882년

유대인 시련의 서막, 레콩키스타

예루살렘에 유대인 거주가 금지되면서 유대인들은 뿔뿔이 흩어져 다른 나라로 이주하게 됩니다. 흩어진 유대인들은 유독 스페인에 많이 거주했는데요. 그 이유는 이베리아반도를 점령한 이슬람이 유대인에게 관용 정책을 베풀었기 때문입니다.

유대인들이 거주하는 곳은 다른 곳에 비해 경제가 활성화되는 경우가 많았습니다. 왜냐하면 음지에서 유대인들이 경제를 이끌어 나갔기 때문입니다. 이슬람이 이를 잘 활용한 것이지요.

한편 가톨릭의 수호자 스페인은 잃어버린 이베리아반도를 되찾기 위해 이슬람과 전쟁을 벌입니다. '재정복'을 의미하는 레콩키스타는 718년부터 1492년까지, 7세기 반에 걸쳐서 가톨릭이 이슬람에 빼앗긴 이베리아반도를 회복하는 과정을 뜻합니다.

1492년 페르난도 2세와 이사벨 여왕 1세가 마지막 이슬람 점령지인 그라나다Granada를 정복하면서 레콩키스타는 마침내 완성됩니다. 하지만 레콩키스타는 유대인에게 시련의 서막이 되고 맙니다. 그 이유는 무엇일까요?

알함브라 칙령과 유대인 탄압

800여 년간 이베리아반도를 정복했던 이슬람을 쫓아낸 스페인은 교황으로부터 '가톨릭의 수호자'라 불리는 영예를 얻습니다. 이베리아반도를 되찾은 스페인은 유대인 추방에 전력을 기울입니다. 알함브라 칙령을 내려 모든 유대인을 스페인에서 추방하도록 했습니다.

유대인 추방의 명분은 종교였습니다. 스페인은 가톨릭으로 개종하는 유대인들은 남을 수 있다고 했으나 유일신을 믿는 유대인에게 개종은 죽음을 의미했습니다.

스페인의 유대인 탄압은 더 가속화되어 명시한 기한까지 떠나지 않으면 무조건 처형하기에 이르렀습니다. 또한 유대인을 숨겨주다 발각될 경우에는 재산을 모두 압류했습니다. 이처럼 로마 교황으로부터 '가톨릭 수호자'라는 영예를 받은 스페인은 이교도 색출과 추방에 전력을 기울였습니다.

유대인을 탄압한 진짜 이유

알함브라 칙령에는 '유대인의 모든 재산권을 인정하고 보호하며, 동산과 부동산을 자유롭게 처분해 국외로 반출할 권리를 부여한다'는 내용이 있습니다. 하지만 실제로는 재산 반출이 불가능했습니다. 금과 은, 화폐를 비롯해

스페인의 유대인 추방 | 에밀리오 살라 | 1889년

국가가 정한 품목은 반출을 금지했기 때문입니다. 결국 유
대인은 빈털터리로 쫓겨난 셈입니다.

　이 대목에서 우리는 스페인이 유대인을 추방한 진짜 이
유를 알 수 있습니다. 네, 그렇습니다. 결국 '돈' 때문이었습
니다. 종교적인 이유를 내세워 유대인을 탄압했지만, 그 이

면에는 유대인의 재산을 갈취하려는 탐욕이 도사리고 있었던 것입니다. 집과 농지 등을 매각한 돈을 금, 은, 화폐 등으로 바꾸어도 가지고 떠날 수 없었던 유대인은 결국 재산을 모두 잃고 빈손으로 다시 '디아스포라'가 되었습니다. 스페인은 이렇게 유대인에게 빼앗은 재산을, 이슬람을 물리치는 데 공을 세운 영주와 기사들에게 나누어주었습니다.

승자의 저주일까요? 유대인이 떠난 후 스페인의 경제는 인플레이션을 겪으며 폭락합니다. 이는 유대인이 재산을 급하게 처분하면서 생긴 현상이지요. 이후 스페인은 유대인이 떠나면서 발생한 인적·물적 공백을 대체하지 못해 세계사의 주류에서 밀려나게 됩니다.

유대인을 추방한 스페인은 이로부터 60여 년 뒤인 1557년에 파산합니다. 스페인이 몰락한 것과는 달리 유대인은 영국과 네덜란드로 이주하여 이른바 '유대인 황금시대'를 엽니다. 만약 스페인이 유대인을 추방하지 않았다면 역사는 어떻게 바뀌었을까요?

유대인 추방을 논의하는 스페인 왕들 | 작자 미상 | 연도 미상
유대인이 스페인 국왕과 종교 재판장에게 칙령 철회를 애원하는 모습

칙령 철회를 애원하는 유대인들에게 스페인은 냉정했습니다.

그들이 진짜 원한 것은 유대인들의 재산이었기 때문입니다.

유대인을 탄압한 진짜 이유,

결국은 '돈'에 있었습니다.

마녀사냥은 왜 일어났을까?
인간의 탐욕이 부른 비극

역사적으로 수많은 마녀사냥이 있었습니다. 중세 유럽은 악마의 존재를 만들어 교회의 권위를 강화하고자 했습니다. 마녀사냥이 대표적이었지요. 초기 마녀사냥은 교회가 주도했지만, 이후 본격적인 마녀사냥은 일반 법정에서 주관했습니다. 그러면서 더욱 광기 어린 형태로 변했습니다. 마녀 혐의자를 체포하고 마녀재판에 회부하여 악랄한 고문을 가해 거짓 자백을 얻어낸 후 화형에 처하는 끔찍한 일도 일어났지요.

그렇다면 마녀사냥은 도대체 왜 일어났을까요? 사실 마녀'사냥'은 마녀'사업'이라 부르는 것이 더 어울립니다. 신의 이름으로 부정한 재산을 축적한 정적을 제거하고, 여러 사회 문제로 불만을 갖고 있는 사람들의 관심을 다른 곳으로 돌리고, 공포를 조장하여 개인적 원한을 해결하거나 경쟁자를 제거하는 등의 일을 할 수 있었기 때문입니다. 이런 목적들을 이루기 위해 마녀가 필요했고, 마녀가 되는 이들은 대체로 부잣집 과부인 경우가 많았습니다. 가족도 없고 엄청난 재산을 가진 여성들이 마녀사냥의 대표적인 희생자였던 것입니다. 또한 마녀사냥은 대중의 오락이기도 했습니다. 사람들은 마녀가 고통스러워하는 모습을 즐겼습니다.

결국 마녀사냥은 애꿎은 사람을 마녀로 몰아서 살해하고 돈을 갈취한 '범죄'였으며, 타락한 인간의 실체를 보여주는 사업이었습니다.

05
자본의 꽃을 피운 유대인

증권 거래소와 중앙은행의 탄생

강을 사이에 두고 많은 사람들이 서 있습니다. 보트에 탄 사람들은 물에 빠진 사람들을 구하고 있네요. 이 그림은 네덜란드 화가 '아드리엔 피테르츠 반 데 베네'가 그린 것으로, 네덜란드 공화국과 스페인의 12년 휴전기간 동안 개신교와 가톨릭의 갈등을 표현했습니다. 강 왼편에는 개신교를 대표하는 네덜란드 왕자 프레더릭 헨리 Frederick Henry, 잉글랜드 왕 제임스 1세가 있고, 오른편에는 가톨릭을 대표하는 교황과 추기경, 이사벨라 여왕이 있습니다. 보트를 기준으로 왼쪽 물에 빠진 이들은 깨끗한 나신의 젊은 사람이고, 오른쪽 물에 빠진 이들은 지친 표정의 어른입니다. 그림은 가톨릭의 시대가 저물고 개신교의 시대가 도래했음을 말합니다.

종교 개혁은 유대인과도 밀접한 연관이 있습니다. 스페인을 떠난 유대인이 정착하여 꽃을 피운 곳이 네덜란드이기 때문입니다. 유대인들은 어떻게 네덜란드에서 황금시대를 열게 되었을까요?

영혼의 낚시 | 아드리엔 피테르츠 반 데 베네 | 1614년

스페인을 떠나 네덜란드로

이베리아반도를 다시 차지한 스페인의 오만함은 점차 심해졌습니다. 알함브라 칙령을 내려 유대인들에게 개종하지 않으면 떠나게 했습니다. 그러나 스페인은 가톨릭으로 개종한 유대인도 그냥 두지 않았습니다. 거짓 개종이라는 누명을 씌워 학살했지요.

한편 유대인 중 일부는 스페인에 남아 비밀리에 유대교를 믿었는데요. 이들은 '마라노Marrano'라고 불렸습니다. 마라노는 스페인어로 돼지 또는 지저분한 사람을 뜻합니다. 스페인은 마라노를 색출해 말뚝에 묶어 처형하는 등 이베리아반도에서 유대인 잔재를 지우는 데 전력을 기울였습니다.

종교 탄압을 당하고 재산마저 몰수당한 유대인이 스페인을 떠나 대거 정착한 곳은 네덜란드였습니다. 네덜란드는 스페인에 저항하여 독립한, 유럽에서 종교 개혁이 가장 먼저 일어난 곳입니다. 유대인들의 이주로 1570년부터 1670년 사이 암스테르담의 인구는 3만 명에서 20만 명으로 크게 증가합니다. 자유와 관용이 있었던 네덜란드에 금융인, 상인, 기술자들이 몰려들었고 그들 중 다수가 유대인이었습니다. 결국 스페인에서 이동한 유대인이 네덜란드 번영의 기반이 된 셈입니다.

유대인, 네덜란드 황금시대를 열다

앞서 〈청어 뼈 위에 건설된 암스테르담〉 편에서 이야기했듯이 네덜란드 황금시대를 개척한 주인공은 '청어'였습니다. 14세기 발트해 연안에서 주로 잡히던 청어의 서식지가 15세기 북해로 바뀝니다. 청어가 네덜란드 인근 연안에서 많이 잡히자 네덜란드 인구 중 30% 정도가 청어잡이에 종사했습니다. 청어는 네덜란드를 먹여 살리는 귀한 생선이었던 것입니다.

이때 부의 감각이 무척 뛰어난 유대인은 청어 절임에 쓰이는 소금에 주목했습니다. 당시 한자동맹 무역을 통해 소금을 공급받았는데, 유대인들은 자신들이 쫓겨난 스페인 바스크 지역의 질 좋고 값싼 소금을 수입하여 독일산 소금을 대체하였습니다. 유대인들은 소금을 독점한 뒤 절임 청어 산업을 주도해 생산량을 획기적으로 늘리고 전 유럽에 판매하며 부를 창출하였습니다.

청어 산업의 호황은 조선업 발전으로 이어집니다. 청어잡이를 위해 선박 제작 기술이 발전하였고 가볍고 큰 배를 제작할 수 있게 됩니다. 유대인들의 화물선 제작에 기여하게 되는데 이때 탄생한 선박이 '플라이트선'입니다.

플라이트선은 16세기부터 네덜란드에서 건조되었는데,

대서양 횡단 운송을 위해 용적을 최대한으로 하였고 배의 건조 비용도 획기적으로 줄였습니다. 플라이트선 개발로 유대인은 화물 운송비를 대폭 절감할 수 있었으며 이로 인해 네덜란드는 해상 제국으로 성장하게 됩니다.

증권 거래소와 중앙은행의 탄생

풍부한 자본과 선박 기술로 무장한 네덜란드는 동양과의 교역에서 독보적으로 활약합니다. 해상 무역을 장악한 네덜란드는 유대인을 중심으로 1602년 동인도 회사를 설립합니다. 곧 근대 최초의 주식회사인 동인도회사는 폭발적으로 성장했습니다.

이후 동인도회사 주식을 사고팔 수 있는 거래소가 필요해져 1608년 세계 최초의 증권 거래소인 '암스테르담 증권 거래소Amsterdam Bourse'를 세웠습니다. 유대인들은 이곳에서 '선물 거래'와 '유가증권 담보 대출'을 시작해 막대한 부를 얻습니다.

이렇듯 네덜란드는 세계 무역 중심지가 되어 성장 가도를 달렸지만, 한 가지 문제가 있었습니다. 무역 거래에 사용되는 화폐가 다양해 거래에 차질이 생겼던 것입니다. 이러한 문제를 해결할 목적으로 1609년 현대적인 중앙은행인 '암

설립 초기 암스테르담 은행 전경 | 피테르 얀스 산레담 | 1657년

스테르담 은행Amsterdamsche Wisselbank'을 설립합니다. 암스
테르담 은행은 상인들에게 계좌를 개설하게 하였고, 표준
통화를 만들어 환어음을 활성화시켰습니다.

　현대 자본주의를 만든 증권 거래소와 중앙은행은 네덜란
드에 세워졌지만, 알고 보면 자본주의를 꽃피운 주역은 유
대인이었던 것입니다.

야경(夜警) | 렘브란트 | 1642년

상업으로 부를 쌓으며 부르주아 계급이 태동한 네덜란드.

새롭게 탄생한 부자들은 자신들의 위상을 보여주기 위해

미술 작품을 구매하여 집에 걸어두었습니다.

이 시기에 초상화를 그리려는 사람들이 늘어나면서

빛과 그림자를 능숙하게 다루던

화가 렘브란트의 인기도 점차 올라갔습니다.

17세기 네덜란드 미술의 황금기를 만든 것은

어쩌면 돈으로 자신의 명예와 권력을 과시하려던

인간의 욕망이었을지도 모르겠습니다.

06

연금술사 뉴턴의
10% 마법

우리가 몰랐던 뉴턴의 정체

오른쪽 그림은 영국 초상화가 '고드프리 넬러'가 그린 〈아이작 뉴턴의 초상〉입니다. 네, 맞습니다. '만유인력의 법칙'을 발견한 그 '아이작 뉴턴'입니다. 그는 기회가 있을 때마다 자신의 초상화를 의뢰했다고 알려져 있는데요. 이 그림은 뉴턴이 사망할 때까지 소장한 것으로 유명합니다.

고드프리 넬러가 이 초상화를 그린 시점은 뉴턴과 넬러 모두 자신의 분야에서 정점을 찍은 때였습니다. 모든 것을 꿰뚫어보는 듯한 그림 속 뉴턴의 눈빛에서 그의 천재성이 보이는 듯합니다.

천재 과학자 뉴턴은 부의 역사에서 큰 전환점을 만든 장본인이기도 합니다. 왕실의 조폐국장으로 근무하면서 금본위제의 탄생을 이끌었기 때문이지요. 그렇다면 뉴턴은 어떻게 부의 역사를 바꿔놓았을까요? 지금부터 살펴봅시다.

아이작 뉴턴의 초상 | 고드프리 넬러 | 1702년

명예혁명으로 유대인과 동업자가 된 영국

스페인을 물리치고 유럽 강자로 등장한 영국은 내전으로 위기를 맞이합니다. '청교도 혁명Puritan Revolution'으로 불리는 영국 내전은 영국 왕당파와 의회파 사이의 권력투쟁이었습니다.

첫 내전은 의회가 승리합니다. 의회는 1649년 찰스 1세를 처형하고 공화정을 선포합니다. 공화정의 수장은 올리버 크롬웰Oliver Cromwell이었는데요. 크롬웰은 호국경에 올라 영국을 통치합니다. 하지만 크롬웰 사망 후 공화정이 무너지고 찰스 2세가 왕위에 올라 다시 왕정으로 복고합니다. 찰스 2세와 그 다음 왕인 제임스 2세는 가톨릭 국가를 지향하며 왕권 강화에 힘을 쏟았습니다.

제임스 2세의 행보에 반발한 영국 의회는 1688년 네덜란드의 오라녜 공 부부(윌리엄 3세, 메리 2세)와 연합하여 제임스 2세를 퇴위시킵니다. 이 사건을 '피 한 방울 흘리지 않고 이루었다'고 해서 '명예혁명Glorious Revolution'이라고 불립니다.

명예혁명은 영국 의회 민주주의를 출발시켰다는 데 의의가 있습니다. 또한 명예혁명은 권력의 변화뿐만 아니라 부의 이동에도 큰 변곡점이 되었습니다. 영국 왕위에 공동으

영국 왕위에 오르는 오라녜 공 부부 | 에드워드 매튜 워드 | 1867년

로 오른 윌리엄 3세와 메리 2세는 부를 장악하고 있던 네덜
란드의 시스템을 고스란히 영국으로 들여옵니다.

오라녜 공 부부가 영국의 왕이 된 후, 네덜란드의 유대인
들은 대거 영국으로 이주합니다. 항해조례로 네덜란드가 해
상무역의 우위를 잃게 되자 유대인이 신흥 강국인 영국으
로 온 것이지요. 크롬웰은 유대인들을 적극 도왔습니다. 유
대인의 힘이 영국 경제를 발전시킬 것을 알고 있었기 때문
입니다. 크롬웰은 런던의 구도심 일부를 '경제특구'로 지정
해 유대인들에게 금융의 자유도 보장해 주었습니다. 이곳이
세계 금융의 중심인 '시티 오브 런던 City of London'이며, 유
대인 금융가들의 거점이 됩니다. 영국은 유대인에게 신앙의

자유를 보장하였고, 이로써 영국 주류 사회에 진입한 유대인은 금융 및 산업 발전에 중요한 역할을 담당합니다.

유대인, 영란은행을 세우다

영국 왕위에 오른 윌리엄 3세의 앞길은 순탄하지만은 않았습니다. 오랜 전쟁으로 재정이 부족했고, 영국보다 군사력이 강한 프랑스의 루이 14세가 그를 인정하지 않았습니다. 윌리엄 3세는 고갈된 재정을 채우고 프랑스와 전쟁을 하기 위해 네덜란드 유대인 금융가들에게 120만 파운드를 요구합니다.

엄청난 자금 조달 방법을 고민하던 유대 금융인들은 묘수를 찾습니다. 전쟁 자금 모금 기구를 만들어 돈을 빌려주고 대가로 은행권을 발행할 수 있는 권한을 요청한 것입니다. 이때 설립된 은행이 영란은행Bank of England입니다. 유대 금융인들에 의해 설립된 영란은행은 민간 소유의 중앙은행으로 금융 역사에 등장합니다.

연금술사 아이작 뉴턴의 진짜 마법

영란은행은 금 보관증 제도*를 바탕으로 막대한 양

---

*   p.39 참고.

의 돈을 찍어내 시장에 공급했습니다. 영란은행은 금 보관증을 보유한 사람이 은행에 금을 찾으러 방문한 일이 거의 없다는 점을 착안해 금 한 덩이에 10장의 보관증을 발행하여 실제 금 보유고의 10배가 넘는 화폐를 발행했습니다.

영란은행이 발행한 금 보관증은 화폐처럼 유통되어 유럽 전역에서 인기를 끌었습니다. 금 보관증의 활성화로 1717년 영국은 금본위제를 실시합니다. 당시 금본위제를 제안한 사람은 아이작 뉴턴Isaac Newton이었습니다.

흔히 우리가 수학자, 물리학자로 알고 있는 뉴턴은 사실 국회의원을 역임했을 정도로 정치적인 인물입니다. 뉴턴은 금 보관증 제도를 도입하는 데 기여한 점을 인정받아 1699년 조폐국장에 임명되었고, 무려 30년간 영국 왕립 조폐국장으로 재임했습니다.

이렇게 뉴턴은 신용의 가치를 통해 금본위제 기반의 화폐를 발행하여 영국의 '파운드'를 세계 기축 통화로 만드는 데 공을 세웠습니다. 뉴턴은 금을 만들지는 못했지만, 금융 관점에서는 뛰어난 연금술사였습니다.

연금술사 | 윌리엄 더글라스 | 1885년

연금술사였던 과학자 뉴턴.

그의 또 다른 연금술은 '부의 연금술'이었습니다.

그가 고안한 '10% 마법'으로

런던은 세계 금융의 중심이 되었습니다.

07
영원한 부의 황제

로스차일드 가문 이야기

여기 맑은 눈망울을 가진, 온화한 인상의 사내가 있습니다. 순박해 보이지만 차림을 보니 격식을 갖춘 듯하네요. 그림 속 남자는 세계 최대 부자 가문, 로스차일드가Rothschild家의 셋째 아들 '네이선 마이어 로스차일드'입니다.

로스차일드 가문의 재산이 어느 정도인지는 정확히 알려져 있지 않습니다. 자산을 분산해두어 전 세계 부자 순위에 나타나지 않기 때문이지요. 그렇기 때문에 음모론자들의 표적이 되곤 합니다.

로스차일드 가문과 특정 집단이 미국 연방준비은행을 조정하여 달러를 발행하면서 세계 경제에 막대한 영향을 준다는 소문은 음모론자들의 단골 소재입니다. 보잘것없는 골동품상에서 시작해 국제 금융 거래로 막대한 재산을 얻은 로스차일드 가문. 그들은 어떻게 엄청난 부를 이루었을까요? 지금부터 살펴봅시다.

네이선 마이어 로스차일드 초상
모리츠 다니엘 오펜하임 | 1853년

로스차일드 가문의 탄생

로스차일드 가문Rothschild Family은 18세기 독일에 거주한 유대인 '마이어 암셸 로스차일드Mayer Amschel Rothschild'가 일으킨 세계 최대의 금융 가문입니다. 로스차일드라는 이름은 '붉은 방패 rot schild'라는 독일어에서 따온 것인데요. 이 단어는 대대로 살던 저택의 모습에서 비롯된 것으로, 이를 형상화한 모양은 가문의 문장紋章에서도 찾아볼 수 있습니다.

로스차일드 가문은 처음부터 부자는 아니었습니다. 오히려 시작은 보잘것없었습니다. 독일 프랑크푸르트의 유덴가세Judengasse*에서 태어난 암셸은 어릴 때부터 심부름꾼으로 일하다가 11살에 골동품 가게를 시작합니다. 암셸은 주화 수집광인 재정관을 통해 독일 하나우Hanau의 공작 빌헬름 공과 친분을 쌓았습니다. 빌헬름 공 또한 주화 수집광임을 안 암셸은 귀한 주화를 그에게 바칩니다. 그의 신임을 얻은 암셸은 1769년 25살의 나이에 어용상인**으로 임명됩니다.

그러던 어느 날, 암셸의 최대 고객인 빌헴름 공이 위기에 빠지게 되었습니다. 나폴레옹과의 전쟁에서 패하여 도망친

---

*　유덴가세(Judengasse): '유대인 거리'라는 뜻의 독일어로, 유대인 게토를 의미한다.
**　어용상인(御用商人): 통치자의 신임을 받아 궁중, 관청 등에 물건을 대는 상인이다.

것인데요. 이때 암셸이 목숨을 걸고 빌헬름 공의 재산을 지켜냈고 이후에 빌헬름 공이 돌아와 암셸에게 유럽 각국의 돈을 수금하는 권한을 주었습니다.

이때부터 로스차일드 가문은 유럽의 왕과 귀족들의 예금을 관리하며 금융 가문으로 성장할 수 있는 초석을 마련합니다. 로스차일드 가문은 철저히 비밀스러운 경영으로 부를 쌓았는데요. 오직 가문 사람들만 경영에 깊숙이 관여했으며 그들의 재산은 철저히 감추었습니다. 그들의 비밀 경영은 한 사건을 통해 진가를 발휘하고 로스차일드 가문을 세계적 금융 가문으로 도약하게 만듭니다. 그 사건은 무엇일까요?

영국 국채를 집어삼킨 워털루 전투

로스차일드 가문이 다국적 금융 기업으로 발전한 것은 아들들을 활용한 네트워크 덕분이었습니다. 암셸은 자신의 다섯 아들을 프랑크푸르트, 빈, 런던, 나폴리, 파리로 파견해 사업을 확장했습니다. 덕분에 아들들을 통해 정부보다 신속하고 정확한 정보를 얻을 수 있었습니다.

런던 지부를 맡은 셋째 아들 '네이선 마이어 로스차일드 Nathan Mayer Rothschild'는 맨체스터에서 직물 사업으로 자본을 키웠습니다. 이후 런던에 은행을 세워 본격적인 금융업

워털루 전투 | 윌리엄 새들러 | 1815년

을 시작합니다. 네이선은 나폴레옹 전쟁 때 영국군에 자금
을 전달하는 일을 맡으면서 급성장합니다.

그러던 1815년 6월 18일. 워털루 전투Battle of Waterloo가
일어납니다. 이는 로스차일드 가문을 세계 제일의 부호 가

문으로 만든 역사적인 사건입니다. 로스차일드 가문은 워털루 전투에서 나폴레옹이 패배할 것이라는 정보를 먼저 입수하고, 역으로 나폴레옹이 이길 것이라는 정보를 흘립니다. 그 영향으로 영국의 국채가 대폭락합니다. 네이선은 이 기

회를 놓치지 않고 헐값에 나온 영국 국채를 쓸어 담았습니다. 다음날 영국 승전보가 전해지자 국채 가격은 치솟았고 로스차일드는 국채를 되팔아 무려 20배의 차익을 얻었습니다. 이처럼 워털루 전투는 로스차일드 가문을 세계적인 금융 가문을 만든 밑거름이 되었습니다.

로스차일드 가문이 부자가 된 진짜 이유

로스차일드 가문이 국채 차익으로 부자가 되었습니다만, 사실 그들이 세계적 부자가 될 수 있었던 진짜 비밀은 '금'에 있었습니다. 로스차일드 가문은 워털루 전투 때 국채를 되팔아 얻은 수익으로 금을 모조리 사들여 금시장을 장악했습니다. 영국은 로스차일드가 장악한 풍부한 금을 기반으로 '금본위제'를 선택합니다. 영국이 시작한 금본위제를 다른 유럽 국가와 미국이 채택하면서 금의 시대가 열리고 영국은 최고 부의 국가로 성장하게 됩니다.

금본위제로 막대한 부를 쌓은 로스차일드 가문은 유럽뿐 아니라 전 세계에 투자하기 시작했습니다. 철도 부설 및 수에즈 운하 같은 정부 사업에 관여하여 큰 수익을 내기도 했습니다. 부의 대명사 로스차일드 가문, 그들은 지금도 비밀리에 세계 자본을 움직이고 있습니다.

샤또 무통 로스차일드 와인 라벨

최고급 와인 샤또 무통 로스차일드Château Mouton Rothschild는
로스차일드 가문 소유의 와이너리에서 생산됩니다.
와인 라벨에서 가문의 표식인 다섯 개의 화살을 찾을 수 있습니다.

로스차일드 가문의 재산이 얼마나 되는지는 아무도 모릅니다.
과연 우리는 로스차일드 가문의 베일을 벗길 수 있을까요?

미국 독점 재벌의 탄생

JP 모건의 탄생과 성장

이 그림은 '혁명의 화가' 존 트럼벌John Trumbull이 그린 것으로, 1776년 7월 4일 필라델피아 인디펜던스 홀에서 영국의 식민지였던 미국 13개 주의 독립이 선언되는 순간이 담겨 있습니다. 이 그림에서 독립 선언문의 기초를 작성한 벤자민 프랭클린, 존 애덤스, 로저 셔먼, 로버트 리빙스턴, 토머스 제퍼슨의 모습을 볼 수 있습니다.

미국은 영국 청교도들이 성공회聖公會의 박해를 피해 종교의 자유를 찾아 북아메리카로 이주해 세워진 나라입니다. 청교도처럼 박해를 피해 미국으로 이주한 민족이 있습니다. 바로 유대인입니다. 19세기 말부터 퍼진 유럽의 반유대주의로 유대인들은 새로운 거주지를 찾아야 했고, 새로운 땅 미국으로 이주를 합니다. 역사적으로 유대인의 이동 경로는 부의 이동 경로와 일치합니다. 유럽을 떠나 신대륙으로 이동한 유대인. 그들의 부를 창출하는 마법은 미국에서도 이어질까요?

미국의 독립 선언 | 존 트럼벌 | 1819년

유대인 자본으로 이룬 미국의 독립

미국은 1776년 독립 선언을 하기 전까지 170년간 식민지였습니다. 독립 선언 후에도 바로 독립을 이루지는 못합니다. 약 8년간의 투쟁을 거쳐 1783년 9월 3일 '파리 조약Treaties of Paris'을 통해 비로소 독립을 완성합니다.

독립의 기쁨도 잠시, 미국은 독립 전쟁으로 진 빚을 갚아야 했습니다. 미국에 돈을 빌려준 곳은 로스차일드 가문을 비롯한 유대인 금융가들이었습니다. 영란은행을 통해 중앙은행이 가진 부의 마법을 습득한 유대인들은 미국에도 중앙은행 설립을 요구합니다. 미국은 중앙은행 설립을 거부하며 저항했지만, 결국 유대 자본의 막강한 힘에 굴복해 중앙은행 설립을 승인합니다.

미국은 독립 전쟁을 치르면서 생긴 막대한 채무를 갚아야 했고, 미국에 진입하는 유대인 자본도 막아야 했습니다. 역사가 증명했듯이, 유대인 자본으로부터 자유롭지 못하면 유대인의 뜻대로 움직이는 식민지로 전락한다는 것을 미국은 알고 있었습니다. 그래서 미국은 어떤 방법을 써서라도 유대인 자본의 침투를 막으려고 한 것입니다. 이때 유대인 자본에 맞서 미국의 자본 독립을 이루기 위해 노력한 인물이 있었는데요. 바로 미국의 초대 재무 장관 '알렉산더 해밀턴

Alexander Hamilton '입니다.

해밀턴 장관은 금융 산업을 육성하여 부를 키우는 정책을 펼쳤습니다. 미국 제1 은행을 만들어 달러를 발권하고 중앙 정부가 통제하도록 하였습니다. 또한 월스트리트를 중심으로 주식시장을 활성화시켜 부를 창출합니다.

해밀턴 정책의 핵심은 미국 금융을 활용한 부의 창출과 유대인 자본이 미국으로 유입되는 것을 철저히 차단하는 것이었습니다. 해밀턴은 유대인의 막대한 자본이 미국으로 거침없이 들어오게 되면 미국 정부와 기업이 사실상 유대 자본에 종속될 것이라고 판단했습니다. 이러한 해밀턴의 정책으로 유대인 자본의 미국 금융 시장 진출은 난관에 부딪히게 됩니다. 하지만 과연 유대인이 '부의 신대륙' 미국을 포기했을까요?

유대인 이간책으로 발발한 남북전쟁

해밀턴의 정책으로 미국 시장 진입이 지연되자 유대인 자본가들은 이간책을 사용하였습니다. 노예제 갈등을 활용하여 남북전쟁American Civil War을 일으킵니다. 유대 자본은 남과 북 양쪽 정부에 전쟁 자금을 빌려주고, 전쟁에서 누가 이기든지 승패와 관계없이 유대 자본에 미국이 종속될 것이라는 계산이 있었기 때문입니다.

유대인의 의도대로 남부는 전쟁 자금을 빌렸습니다. 하지만 남북전쟁의 승자는 유대인이 아닌 미국이었습니다. 북부 지도자였던 에이브러햄 링컨Abraham Lincoln은 미국 정부가 자체적으로 발행하는 달러인 그린백Greenbacks을 발행하여 전쟁 자금을 조달한 것입니다. 그뿐만 아니라 전쟁 승리 후 남부에 대한 채무를 탕감해주었습니다. 이 때문에 유대인의 계획은 실패하고 맙니다.

미국 독점 사업가를 키운 유대인 자본

미국 금융 시장으로의 진출이 막히자 유대인 자본은 전략을 수정합니다. 그들은 자본을 기업이나 사업에 직접 투자하여 수익을 올리는 형태의 금융업을 창조하고, 직접 투자 형태의 금융업은 오늘날 투자은행으로 발전합니다. 유대인 자본은 미국의 실물 경제가 팽창하는 시점에 다시 미국 진입을 시도하였습니다. 이때 미국에 진출한 유대 자본으로 탄생한 투자은행이 '리먼 브라더스Lehman Brothers, Inc', 'J.P. 모건체이스앤드컴퍼니(이하 J.P. 모건)J.P. Morgan Chase & Co.', '골드만 삭스Goldman Sachs'입니다.

1849년 캘리포니아에서 금이 발견되고 미국 각지에서

캘리포니아 골드 러시 광고ㅣ1850년

30만 명의 인구가 캘리포니아에 유입됩니다. 골드 러시 Gold Rush* 발생으로 금광 투자가 활발해지면서 많은 자본이 필요했습니다. 미국 진출 기회를 호시탐탐 노리던 유대인 자본은 월 스트리트에 투자은행을 설립합니다. 이 은행이 바로 1850년 유대인 리먼 형제에 의해 설립된 리먼 브라더스입니다.

---

* 골드 러시(Gold Rush): 금광이 발견된 곳으로 사람들이 몰려드는 현상을 뜻하는 말로, 19세기 캘리포니아주에서 금을 채취하기 위해 사람들이 몰려든 것이 그 시초다.

1861년부터 1865년까지 5년간 지속된 남북전쟁은 많은 전쟁 자금을 필요로 했고 존 피어폰트 모건 John Pierpont Morgan이 'J.P. 모건'을 설립하여 전쟁에 투자합니다.

1869년 미국의 넓은 대륙은 철도로 연결되면서 철도 투자가 급증하게 되고, 철도 버블 시기에 탄생한 기업이 '골드만 삭스'입니다.

이처럼 막강한 유대 자본은 미국 산업을 발전시키는 동력이 되었고, 미국 금융을 지배하게 됩니다. 유대 자본으로 세워진 투자은행은 미국의 독점 산업을 양성하며 미국 경제를 잠식해 나갔습니다. 물론 미국 산업도 급속히 발전했으나 일부 산업을 유대인 자본이 독점하면서 유대인의 영향력은 날로 커졌습니다.

록펠러 John Davison Rockefeller, 밴더빌트 Cornelius Vanderbil, 카네기 Andrew Carnegie가 각각 석유, 철도, 철강이라는 특정 산업을 독점할 수 있었던 이유 역시 유대인 자본 덕분이었습니다. 이렇게 독점 사업가들이 쌓은 부는 다시 투자은행으로 들어갔고, 독점 사업가의 위상은 점차 높아졌습니다.

결국 경제적 독립을 꿈꾸었던 미국의 독립도 유대 자본에서 빗어날 수 없었으며, 현대 경제 대국 미국의 위상은 유대 자본의 토대 위에 건설되었습니다.

영국 리버풀과 맨체스터 사이 철도의 첫 운행 | AB 클레이튼 | 1830년

J.P. 모건은 당시 철도 투자로 막대한 부를 창출한
로스차일드를 찾아가 협력을 요청했고,
J.P. 모건은 로스차일드 대리인으로
뉴욕 센트럴 철도New York Central System의 대표가 됩니다.

J.P. 모건은 로스차일드의 거대한 자본을 바탕으로
공격적인 인수 합병을 하여 세계 최대 금융그룹으로 성장합니다.
하지만 J.P. 모건은 유대인 자본의 대리인일 뿐이었습니다.

09

고난과 핍박이 만든 부의 역사

세계 경제를 지배하는 유대인의 힘

그림 가운데에 성채城砦가 우뚝 솟아 있습니다. 높은 탑과 여러 겹의 돌벽으로 둘러싸여 있네요. 하지만 오른쪽 성벽은 검붉은 화염으로 불타고 있고 무장한 군인들이 이를 바라보며 대기하고 있습니다. 성벽 아래의 군인들은 요새로 진입하고 있네요.

이 그림은 스코틀랜드의 화가 '데이비드 로버츠'의 〈예루살렘의 멸망〉으로, '제1차 유대-로마전쟁First Jewish - Roman War'의 상황을 그리고 있습니다. 66년에 발발한 이 전쟁은 로마와 유대인의 종교적 분쟁이 원인이었습니다. 예루살렘은 70년에 티투스Titus가 이끈 로마군에 의해 함락됩니다. 이로써 유대인은 자신들의 성전을 잃고 로마 전역으로 흩어지며 또다시 '디아스포라'가 되었습니다.

유대인의 고난과 핍박의 역사는 부의 세계사에 어떤 흔적을 남겼을까요?

예루살렘의 멸망 | 데이비드 로버츠 | 1850년

고난과 핍박을 이겨낸 유랑의 역사

창조주이신 하느님을 유일한 신으로 섬기며 3천 년간 신앙을 지킨 유대 민족. 그들의 역사는 가나안Canaan의 족장 아브라함에서 시작됩니다. 유대인들은 하느님께서 아브라함, 이삭, 야곱 등 자신의 조상들에게 약속한 땅인 가나안에 살았는데요. 이 가나안 땅이 현재 이스라엘입니다.

우리가 앞서 유대인의 역사를 살펴보았듯, 유대 민족의 역사는 고난과 핍박의 역사였습니다. 이들은 디아스포라가 되어 세계 곳곳을 유랑하여 살았습니다. 인류는 유대인에게 관대하지 않았습니다. 특히 중세시대에는 유대인에 대한 차별과 핍박이 심했습니다. 유대인들이 고리대금업에 종사했기 때문이지요.

중세 교회에서는 성경에 근거하여 고리대금업을 금지하였습니다. 하지만 돈이 필요한 사람은 어느 곳에나 있었고 유대인들이 이 문제를 해결해주었습니다. 유대인들은 고리대금업을 생업으로 이어가면서 부를 창출했습니다.

유대인이 부를 얻게 되자 이를 시기하는 세력이 생겨났습니다. 그들은 온갖 명분으로 유대인을 학살하고 재산을 탈취했습니다. 유대인들은 재산 몰수와 추방에 대비해 미리 재산을 정리해서 언제든지 피신을 갈 수 있도록 금과 보석을 지니고 있었습니다. 오늘날 보석 시장을 유대인이 독점할 수밖에 없던 이유도 여기에 있습니다.

유대인들은 추방과 이주의 역사를 반복합니다. 스페인의 종교적 탄압을 피해 네덜란드로 이주하고 암스테르담에서 금융업을 발전시킵니다. 네덜란드에 대한 영국의 견제와 명예혁명으로 영국으로 진출한 유대인은 중앙은행을 설립해 금융업을 장악합니다. 이후 반유대주의로 탄압받던 유대인은 미국으로 이주하여 글로벌 기업을 만들고 전 세계 금융업을 장악합니다.

이처럼 유대인들은 고난의 역사 속에서 생존할 수 있는 방법을 모색했습니다. 유대인들은 그림자처럼 활동했지만, 머무른 곳마다 경제를 번영시키고 부를 창출했습니다. 유대인 이주 경로를 살펴보면 세계 부의 역사와 일치하는 사실을 알 수 있습니다.

세계 경제를 지배하는 유대인의 힘

인류사의 운명을 바꾼 사건 뒤에는 어김없이 유랑의 민족 유대인이 있었습니다. 이탈리아의 탐험가 콜럼버스, 천문학자이자 대예언가인 노스트라다무스, 전설의 금융 가문 로스차일드, 천재 물리학자 알버트 아인슈타인, 공산

구세주의 발 아래, 중세의 유대인 학살 | 비센테 쿠탄다 토라야 | 1887년

주의 창시자 마르크스, 《닥터 지바고Doctor Zhivago》를 쓴 보리스 파스테르나크, 금융 투자자 조지 소로스, 영화감독 스티븐 스필버그, 페이스북 창업자 마크 저커버그 등 간단히 언급해도 이 정도입니다.

그렇다면 차별과 핍박 속에서 나라도 없이 세계를 유랑하던 유대 민족은 어떻게 세계 곳곳에서 영향력을 발휘할 수 있었을까요? 그 비밀은 부에 대한 열망에 있습니다. 유대인은 돈을 인간의 창조적인 에너지를 수량화한 것이라고 여겼습니다. 따라서 돈을 생존에 적극적으로 활용한 것입니다.

유대인은 신과의 약속을 철저히 믿으며 자신들만의 네트워크를 구성하여 독립된 세계를 만들어 나갔습니다. 시대의 흐름을 읽는 혜안을 가진 유대인은 서로 상생하며 각 분야에서 세계 최고가 되는 데 성공했습니다.

세계를 지배하는 유대인의 힘은 아픈 역사 속에서 이룬 영광스러운 성취에서 비롯되었습니다. 유대인의 삶과 역사는 그 자체가 처절한 생존 비즈니스였습니다.

단테와 신곡 | 도메니코 디 미켈리노 | 1465년

단테는 《신곡》에서 유대인 고리대금업자들이

지옥에서 고통받는 것처럼 묘사했습니다.

"그들은 고통에 못 이겨 눈물을 펑펑 쏟아내고 있었고, 공중에서 퍼붓는 불꽃송이와 벌겋게 타들어 가는 모래를 피하느라 정신이 없었다. 그들은 하나같이 돈주머니를 목에 매달고 있었는데, 그것들은 제각각의 색깔로 구분되어 있었다. 그 돈주머니는 고리대금업자들이 세상에 사는 동안 갖고 다니던 것으로 저마다 가문의 문장을 새긴 것들이었다."*

우리는 유대인을 어떤 시선으로 바라보고 있나요?

*《명화로 보는 단테의 신곡》, 단테 알리기에리, 이선종 역, 미래타임즈, p116

금주령이 탄생시킨 글로벌 톱 브랜드
코카콜라 탄생 스토리

청량함과 중독성으로 전 세계인들에게 사랑받는 탄산음료 코카콜라Coca-Cola. 코카콜라는 어떻게 전 세계인이 사랑하는 음료가 되었을까요? 세계 최고의 음료, 코카콜라의 탄생 스토리를 살펴봅시다.

코카콜라의 창업자 존 펨버턴John Stith Pemberton은 남북전쟁 당시 모르핀에 중독되었습니다. 모르핀을 대체할 물질을 찾던 그는 1886년 코카나무잎과 콜라 열매 추출물로 음료를 만들었고, 이는 '프랑스 와인 코카'라고 불렸습니다. 이렇게 만들어진 초기 코카콜라는 약국에서 약으로 판매되었습니다.

그러던 중 미국에서 금주운동이 일어나 알코올을 넣은 코카콜라는 판매 중단의 위기를 맞게 되었습니다. 존 펨버턴은 알코올 대신 탄산수를 넣어 최적의 맛을 찾아냈습니다. 금주령으로 술과 알코올 음료 판매가 금지되자 사람들은 술을 대체할 자극적인 음료를 찾았고, 이때 코카콜라가 대중을 사로잡은 것이지요. 자극적인 맛과 중독성으로 코카콜라는 불티나게 팔렸습니다. 이후 코카콜라는 미국을 넘어 전 세계로 진출하며 글로벌 브랜드로 성장합니다.

어쩌면 코카콜라의 성공 비밀은 청량한 맛이 아니라 사람들의 억눌린 욕망을 해소해준 데 있는지도 모르겠습니다.

역사는 말합니다.
인간의 탐욕으로 쌓아 올린 부의 성은
한순간에 무너질 수 있다고.

역사는 반복되기에
미래를 비추는 거울로 삼아야 합니다.

바벨탑 | 피터 브뤼헐 | 1563년

참고 도서&참고 자료

단행본

《그림 쏙 세계사》, 릴리스(김순애), 지식서재, 2020

《금융의 지배》, 니얼 퍼거슨, 김선영 역, 민음사, 2010

《대항해시대의 탄생》, 송동훈, 시공사, 2019

《데카메론(상)》, 보카치오, 한형곤 역, 범우사, 2000

《돈의 선택》, 한진수, 중앙북스, 2020

《돈의 탄생》, 먀오옌보, 홍민경 역, 현대지성, 2021

《돈의 흐름으로는 보는 세계사》, 미야자키 미사카츠, 송은애 역, 한국경제신문사, 2019

《동방견문록》, 마르코 폴로·루스티켈로, 배진영 역, 서해문집, 2004

《동화경제사》, 최우성, 인물과사상사, 2018

《로스차일드 이야기》, 홍익희, 오픈하우스, 2021

《메디치 머니》, 황소연, 청림출판, 2008

《면화의 제국》, 스벤 베커트, 김지혜 역, 휴머니스트, 2018

《명화로 보는 단테의 신곡》, 단테 알리기에리, 이선종 역, 미래타임즈, 2018

《무역의 세계사》, 윌리엄 번스타인, 박홍경 역, 라이팅하우스, 2019

《보이는 경제 세계사》, 오형규, 글담, 2018

《부의 역사》, 권홍우, 인물과사상사, 2008

《비주얼 경제사》, 송병건, 아트북스, 2015

《빈센트가 그린 반 고흐》, 파스칼 보나푸, 이희정 역, 눌와, 2002

《세계 명화 속 역사 읽기》, 플라비우 페브라로·부르크하르트 슈베제, 안혜영 역, 마로니에북스, 2012

《왜 달러는 미국보다 강한가》, 오세준, 원앤원북스, 2012

《유대인 이야기》, 홍익희, 행성B잎새, 2013

《자본가의 탄생》, 그레그 스타인메츠, 노승영 역, 부키, 2018

《지도로 읽는다 지리와 지명의 세계사 도감 1》, 미야자키 마사카츠, 노은주 역, 이다미디어, 2018

《처음부터 다시 읽는 친절한 세계사》, 미야자키 미사카츠, 김진연 역, 제3의공간, 2017

《콜럼버스 항해록》, 크리스토퍼 콜럼버스, 이종훈 역, 서해문집, 2004

《EBS 다큐 프라임 강대국의 비밀 강자의 조건》, 이주희, 엠아이디, 2014

기타

PART 1

〈달러의 기원은 슐리크의 은화 요아힘슈탈러이다〉, 팬슈어, 2020.01.20.

〈아하! 그렇구나_ 화폐 이름에 달러가 많은 이유〉, 매일경제, 2012.03.02.

〈위대한 생각_ ①화폐, 권력과 전쟁의 역사〉, 이데일리, 2020.09.14.

〈월스트리트를 놀라게 한 도로시의 은구두〉 한겨레, 2017.04.28.

〈호기심으로 배우는 역사_화폐의 역사(2)〉, VOA, 2010.01.20.

〈화폐이야기_'달러'의 어원은 '골짜기'에서 유래〉, 한국은행, 2002.02.20

PART 2

〈명화 속 숨은 역사 찾기_14세기 유럽에 닥친 대재앙〉, 한국일보, 2015.06.15.

〈소빙하기가 자본주의를 태동시켰다〉 교수신문, 2019.04.26

〈임규태의 코덱스_기후의 역습〉, 팬데믹, 이데일리, 2020.04.09.

〈新실크로드 열전_ 마르코 폴로의 '동방견문록'과 쿠빌라이칸〉, 조선Biz, 2016.01.17

〈중세 봉건사회의 해체 원인〉, 크리스천 라이프&에듀 라이프, 2015.07.20

PART 3

〈값싼 영국산 면직물, 인도 수공업 붕괴시키다〉, 아틀라스, 2020.01.25.

〈네덜란드 경제를 일으킨 돈고기(Stock fish) 청어 이야기〉, 조선펍, 2017.12-18

〈네덜란드의 대 스페인 독립전쟁〉, 더사이언스타임즈, 2010.10.04.

〈맘대로 은(銀) 만든 조선의 연금술사 (상)〉, 더사이언스타임즈, 2010.04.08.

〈명화로 보는 논술_인상파와 자포니즘〉, 조선일보, 2010.02.04.

〈숨어 있는 세계사_16세기 스페인, '사람 잡아먹는 산서 銀 캐내 전쟁 치러'〉, 조선멤버스, 2019.11.20.

〈스페인의 탐욕이 빚어낸 죽음의 포토시 은광〉, 아틀라스, 2019.12.06.

〈재주는 조선이 넘고 돈은 일본이 벌었다...통한의 '연은술'〉, 중앙일보, 2018.11.11.

〈참여연대 월간참여사회, 나라살림 홍망사_로또로 정치인 뽑은 제노바공화국〉, 2010.06.01.

〈홍승용의 해양책략(20)_세계사를 바꾼 1588년 칼레해전, 영국 해적이 스페인 무적함대를 깨다〉, 주간한국, 2020.05.13.

PART4

〈데스크칼럼_교회 '이자받는 것' 인정, 금융업과 시장경제의 '초석'〉, 미디어펜, 2019.04.27.

〈메디치家① _교황과 결탁, 은행 창업자 지오반니〉, 아틀라스, 2020.03.09.

〈바람난세계사_ '카노사 굴욕'..또다른 이야기〉, 헤럴드경제, 2015.03.03.

〈위대한 생각_해적부터 월스트리트까지...'주식의 탄생'〉, 이데일리, 2020.11.24.

〈인간의 탐욕이 만든 튤립 광풍, 비트코인은 다른 길 갈까〉, 한국일보, 2019.07.06.

〈'카노사 굴욕' 당한 신성로마제국의 황제〉, 독서신문, 2009.10.26.

〈황제와 교황을 주무른 자본가, 아코프 푸거의 '민낯'〉, 한겨레, 2018.12.28.

PART 5

〈돈으로 죽음 피할 수 있었던 유대인, 월가를 주름잡다〉, 동아비즈니스리뷰 124호

〈쇼팽 날개를 달아준 거대 갑부, 로스차일드는 어떻게 돈 모았나〉, 중앙일보, 2019.02.15.

〈알함브라 칙령의 비극...유대인, 스페인 떠나다〉, 아틀라스, 2020.08.25.

〈영국 유대인, 런던을 세계금융 중심지로 만들다〉, 아틀라스, 2020.08.30.

〈위크엔드_세계 금융을 지배하는 유대인 파워〉, 헤럴드경제, 2013.03.22.

〈은행의 시초가 된 베니스의 상인들, 금감원 이야기〉, vol. 87

〈'청어 재테크'로 쌓은 유대인 자본, 17세기 은행·주식회사 밑천됐다〉, 조선일보, 2021.04.27.

〈한대훈_금과 달러가 걸어온 길①〉, 중앙일보, 2020.07.21.

이미지 출처